高职高专实用教材

成本会计实训

COST ACCOUNTING PRACTICAL TRAINING

徐小玲　主编

蔡宏标　沈亚娟　谭昌林　参编

暨南大学出版社
JINAN UNIVERSITY PRESS

中国·广州

图书在版编目（CIP）数据

成本会计实训／徐小玲主编．—广州：暨南大学出版社，2016.8（2022.6 重印）
（高职高专实用教材）
ISBN 978－7－5668－1876－8

Ⅰ.①成…　Ⅱ.①徐…　Ⅲ.①成本会计—高等学校—教材　Ⅳ.①F234.2

中国版本图书馆 CIP 数据核字（2016）第 136683 号

成本会计实训
CHENGBEN KUAIJI SHIXUN
主　编：徐小玲

出 版 人：张晋升
责任编辑：曾鑫华　高　婷
责任校对：周海燕
责任印制：周一丹　郑玉婷

出版发行：暨南大学出版社（511443）
电　　话：总编室（8620）37332601
营销部（8620）37332680　37332681　37332682　37332683
传　　真：（8620）37332661（办公室）　37332684（营销部）
网　　址：http：//www.jnupress.com
排　　版：广州市天河星辰文化发展部照排中心
印　　刷：广东广州日报传媒股份有限公司印务分公司
开　　本：787mm×1092mm　1/16
印　　张：18
字　　数：218 千
版　　次：2016 年 8 月第 1 版
印　　次：2022 年 6 月第 2 次
印　　数：3001—4500 册
定　　价：48.00 元

前　言

在培养财经类应用型人才过程中，实践教学是整个教学过程中不可缺少的部分。本书就是为高职院校会计等相关专业核心课程“成本会计”实践教学所设计的，方便老师教学与学生学习。

本书按照工作过程，以项目导向、任务驱动来设计体例和安排教学内容。本书以企业成本会计工作过程为主线，将教学内容分解设计为成本核算的一般程序（七个步骤）、成本计算的基本方法、成本计算的辅助方法。以项目为单位组织教学，以典型案例为载体，培养学生的实际操作能力。本书内容系统，可操作性强，符合实际，并紧跟会计发展。本书主要有四大特色：

（1）本书的实训设计突出真实性。本书所采用的案例是现实中常见的企业，取得原始凭证的时间与成本核算程序的设计全部与企业的生产流程和成本核算工作相一致。

（2）本书针对同样的案例采用两种不同的成本核算方法，使学生掌握不同的成本核算方法的区别。

（3）本书的内容设计特别注重成本核算流程，每一案例就是一个完整的成本核算过程。各个实训模块详细描述的实训步骤实际上就是成本核算的流程与步骤。

（4）本书将整理原始凭证、做原始凭证、做记账凭证、登记明细账等完整结合，使成本计算系统化，而不再是只做一些计算。

由于作者水平有限，时间仓促，书中纰漏之处在所难免，敬请读者批评指正。

编　者

2022 年 6 月

目　录

模块一　生产费用的归集与分配

实训企业基本情况

一、企业概况

广州天明塑料有限公司是一家大量大批生产的小型企业，拥有资产 300 万元，职工 100 多人。该企业主要生产塑料盆、塑料托盘。

生产过程分为搅拌、注塑和丝印三个步骤。该厂设有搅拌车间、注塑车间、丝印车间三个基本生产车间，还有机修车间、供电车间两个辅助生产车间。搅拌车间将原材料搅拌成塑料颗粒，然后将塑料颗粒全部供给注塑车间，注塑车间再将加工过的材料供给丝印车间制成最终产成品。生产工艺过程如图 1 所示。供电车间为厂里各部门提供动力，机修车间从事设备维修。

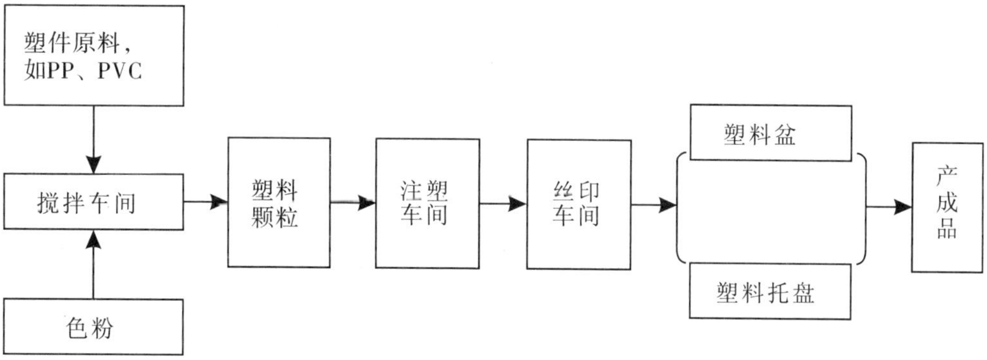

生产工艺过程

二、与成本核算有关的情况

（1）材料、自制半成品、产成品等存货均按实际成本计价核算，发出时采用先进先出法计算其发出成本。固定资产折旧采用平均年限法；低值易耗品采用一次性摊销法。

（2）该公司产品成本核算实行厂部一级核算，成本核算方法为品种法。基本生产车间以塑料盆、塑料托盘作为成本计算对象，设置产品成本明细账，归集与分配生产费用，其中产品成本项目包括：直接材料、直接人工、制造费用、废品损失。辅助生产车间各自以自己提供的劳务作为成本计算对象设置辅助生产成本明细账，归集与分配辅助生产费用，各辅助生产车间不单独核算制造费用。辅助生产费用的分配采用交互分配法。

（3）各项费用的分配率保留四位小数，最终计算结果保留两位小数。尾差由最后的费用项目承担。

实训一　材料费用的归集与分配

一、实训目的

熟悉材料费用归集与分配的程序，掌握材料费用计入产品成本的方法，体验材料核算岗位的会计工作。

二、实训资料

（一）广州天明塑料有限公司材料类别、编号、名称、单位

表 1－1

材料类别	编号	名称	单位
原料及主要材料	101	塑料 PP	千克
	102	塑料 PVC	千克
辅助材料	201	色粉	包
	202	油墨	千克
	203	标签	盒
燃料	301	燃料油	千克
低值易耗品	401	工作服	套
	402	手套	双
	403	包装箱	个
	404	机器配件	件
	405	扎带	捆
其他	501	废料	千克

（二）各车间期初在产品成本

期初在产品成本

表 1－2　　2022 年 2 月 1 日　　单位：元

成本项目 / 产品名称	直接材料	直接人工	制造费用	合计
塑料盆	3 515.00	10 175.00	6 500.00	20 190.00
塑料托盘	8 000.00	34 950.00	17 975.00	60 925.00
合计	11 515.00	45 125.00	24 475.00	81 115.00

（三）材料日常发出核算程序

材料日常发出核算程序：各用料单位填制一式四联“材料领料单”，据以从材料仓库领用材料，月末由各用料单位专职人员根据各种领料凭证进行汇总，财务部门材料核算员对金额进行汇总。

（1）搅拌车间的两种产品共同耗用的材料，以耗用原料及主要材料的重量为分配标准。2 月份塑料盆耗用主要材料 500 千克，塑料托盘耗用主要材料 900 千克。

（2）丝印车间的两种产品共同耗用的材料，以产品的数量为分配标准。2 月份丝印车间完工的产品数量分别为塑料盆 5 000 个、塑料托盘 8 040 个。

2022 年 2 月份的材料领料单如下列各表所示。

材料领料单

凭证编号：001

表 1－3　　领料单位：搅拌车间　　2022 年 2 月 1 日　　发料仓库：1 号库

材料类别	材料编号	材料名称及规格	计量单位	数量		单价	金额（元）	用途
				请领	实发			
原料及主要材料	101	塑料 PP	千克	300	300	12.50	3 750.00	塑料盆
合计				300	300		3 750.00	

主管：　　记账：　　发料人：刘向　　领料人：李芳

材料领料单

凭证编号：002

表 1－4　领料单位：搅拌车间　　2022 年 2 月 1 日　　发料仓库：2 号库

材料类别	材料编号	材料名称及规格	计量单位	数量		单价	金额（元）	用途
				请领	实发			
辅助材料	201	色粉	包	30	30	5.00	150.00	共同耗用
合计				30	30		150.00	

主管：　　记账：　　发料人：刘向　　领料人：李芳

材料领料单

凭证编号：003

表 1－5　领料单位：搅拌车间　　2022 年 2 月 3 日　　发料仓库：1 号库

材料类别	材料编号	材料名称及规格	计量单位	数量		单价	金额（元）	用途
				请领	实发			
原料及主要材料	102	塑料 PVC	千克	500	500	9.00	4 500.00	塑料托盘
合计				500	500		4 500.00	

主管：　　记账：　　发料人：刘向　　领料人：李芳

材料领料单

凭证编号：004

表 1－6　领料单位：丝印车间　　2022 年 2 月 3 日　　发料仓库：2 号库

材料类别	材料编号	材料名称及规格	计量单位	数量		单价	金额（元）	用途
				请领	实发			
辅助材料	202	油墨	千克	5	5	200.00	1 000.00	共同耗用
合计				5	5		1 000.00	

主管：　　记账：　　发料人：刘向　　领料人：王治

材料领料单

凭证编号：005

表 1－7　　领料单位：供电车间　　　　2022 年 2 月 5 日　　　　发料仓库：3 号库

材料类别	材料编号	材料名称及规格	计量单位	数量		单价	金额（元）	用途
				请领	实发			
燃料	301	燃料油	千克	200	200	5.00	1 000.00	发电
合计				200	200		1 000.00	

主管：　　　　记账：　　　　发料人：刘向　　　　领料人：张奎

材料领料单

凭证编号：006

表 1－8　　领料单位：机修车间　　　　2022 年 2 月 14 日　　　　发料仓库：4 号库

材料类别	材料编号	材料名称及规格	计量单位	数量		单价	金额（元）	用途
				请领	实发			
低值易耗品	404	机器配件	件	12	12	200.00	2 400.00	修理
合计				12	12		2 400.00	

主管：　　　　记账：　　　　发料人：刘向　　　　领料人：李强

材料领料单

凭证编号：007

表 1－9　　领料单位：供电车间　　　　2022 年 2 月 15 日　　　　发料仓库：4 号库

材料类别	材料编号	材料名称及规格	计量单位	数量		单价	金额（元）	用途
				请领	实发			
低值易耗品	401	工作服	套	5	5	180.00	900.00	
合计				5	5		900.00	

主管：　　　　记账：　　　　发料人：刘向　　　　领料人：张奎

材料领料单

凭证编号：008

表 1－10　领料单位：机修车间　　2022 年 2 月 15 日　　发料仓库：4 号库

材料类别	材料编号	材料名称及规格	计量单位	数量		单价	金额（元）	用途
				请领	实发			
低值易耗品	402	手套	双	20	20	4.00	80.00	
合计				20	20		80.00	

主管：　　记账：　　发料人：刘向　　领料人：李强

材料领料单

凭证编号：009

表 1－11　领料单位：搅拌车间　　2022 年 2 月 15 日　　发料仓库：1 号库

材料类别	材料编号	材料名称及规格	计量单位	数量		单价	金额（元）	用途
				请领	实发			
原料及主要材料	101	塑料 PP	千克	200	200	12.50	2 500.00	塑料盆
合计				200	200		2 500.00	

主管：　　记账：　　发料人：刘向　　领料人：李芳

材料领料单

凭证编号：010

表 1－12　领料单位：搅拌车间　　2022 年 2 月 16 日　　发料仓库：2 号库

材料类别	材料编号	材料名称及规格	计量单位	数量		单价	金额（元）	用途
				请领	实发			
辅助材料	201	色粉	包	40	40	5.00	200.00	共同耗用
合计				40	40		200.00	

主管：　　记账：　　发料人：刘向　　领料人：李芳

材料领料单

凭证编号：011

表 1－13　领料单位：搅拌车间　2022 年 2 月 18 日　发料仓库：1 号库

材料类别	材料编号	材料名称及规格	计量单位	数量		单价	金额（元）	用途
				请领	实发			
原料及主要材料	102	塑料 PVC	千克	400	400	9.00	3 600.00	塑料托盘
合计				400	400		3 600.00	

主管：　记账：　发料人：刘向　领料人：李芳

材料领料单

凭证编号：012

表 1－14　领料单位：丝印车间　2022 年 2 月 18 日　发料仓库：2 号库

材料类别	材料编号	材料名称及规格	计量单位	数量		单价	金额（元）	用途
				请领	实发			
辅助材料	202	油墨	千克	3	3	200.00	600.00	共同耗用
合计				3	3		600.00	

主管：　记账：　发料人：刘向　领料人：王治

材料领料单

凭证编号：013

表 1－15　领料单位：丝印车间　2022 年 2 月 19 日　发料仓库：2 号库

材料类别	材料编号	材料名称及规格	计量单位	数量		单价	金额（元）	用途
				请领	实发			
辅助材料	203	标签 1#	盒	30	30	5.00	150.00	塑料盆
辅助材料	203	标签 2#	盒	40	40	5.00	200.00	塑料托盘
合计							350.00	

主管：　记账：　发料人：刘向　领料人：王治

材料领料单

凭证编号：014

表 1－16　　领料单位：销售部门　　　2022 年 2 月 19 日　　　发料仓库：4 号库

材料类别	材料编号	材料名称及规格	计量单位	数量		单价	金额（元）	用途
				请领	实发			
低值易耗品	403	包装箱	个	300	300	1.00	300.00	销售产品的包装，不单独计价
低值易耗品	405	扎带	捆	2	2	22.50	45.00	
合计							345.00	

主管：　　　记账：　　　发料人：刘向　　　领料人：宋天

材料领料单

凭证编号：015

表 1－17　　领料单位：机修车间　　　2022 年 2 月 22 日　　　发料仓库：4 号库

材料类别	材料编号	材料名称及规格	计量单位	数量		单价	金额（元）	用途
				请领	实发			
低值易耗品	401	工作服	套	4	4	180.00	720.00	
合计				4	4		720.00	

主管：　　　记账：　　　发料人：刘向　　　领料人：李强

材料领料单

凭证编号：016

表 1－18　　领料单位：搅拌车间　　　2022 年 2 月 23 日　　　发料仓库：4 号库

材料类别	材料编号	材料名称及规格	计量单位	数量		单价	金额（元）	用途
				请领	实发			
低值易耗品	401	工作服	套	6	6	180.00	1 080.00	
合计				6	6		1 080.00	

主管：　　　记账：　　　发料人：刘向　　　领料人：李芳

材料领料单

凭证编号：017

表 1－19　领料单位：注塑车间　　2022 年 2 月 23 日　　发料仓库：4 号库

材料类别	材料编号	材料名称及规格	计量单位	数量		单价	金额（元）	用途
				请领	实发			
低值易耗品	401	工作服	套	7	7	180. 00	1 260. 00	
合计				7	7		1 260. 00	

主管：　　记账：　　发料人：刘向　　领料人：王福

材料领料单

凭证编号：018

表 1－20　领料单位：丝印车间　　2022 年 2 月 24 日　　发料仓库：4 号库

材料类别	材料编号	材料名称及规格	计量单位	数量		单价	金额（元）	用途
				请领	实发			
低值易耗品	401	工作服	套	2	2	180. 00	360. 00	
合计				2	2		360. 00	

主管：　　记账：　　发料人：刘向　　领料人：刘一明

材料领料单

凭证编号：019

表 1－21　领料单位：财务部门　　2022 年 2 月 25 日　　发料仓库：4 号库

材料类别	材料编号	材料名称及规格	计量单位	数量		单价	金额（元）	用途
				请领	实发			
低值易耗品	401	工作服	套	2	2	180. 00	360. 00	
合计				2	2		360. 00	

主管：　　记账：　　发料人：刘向　　领料人：宋阳

材料领料单

凭证编号：020

表 1－22　　领料单位：管理部门　　　　2022 年 2 月 26 日　　　　发料仓库：4 号库

材料类别	材料编号	材料名称及规格	计量单位	数量		单价	金额（元）	用途
				请领	实发			
低值易耗品	401	工作服	套	3	3	180.00	540.00	
合计				3	3		540.00	

主管：　　　　记账：　　　　发料人：刘向　　　　领料人：宋益

材料领料单

凭证编号：021

表 1－23　　领料单位：销售部门　　　　2022 年 2 月 28 日　　　　发料仓库：5 号库

材料类别	材料编号	材料名称及规格	计量单位	数量		单价	金额（元）	用途
				请领	实发			
低值易耗品	401	工作服	套	1	1	180.00	180.00	
合计				1	1		180.00	

主管：　　　　记账：　　　　发料人：刘向　　　　领料人：宋天

（四）实训用表

领料凭证汇总表

表 1－24 年 月 日 单位：元

领料部门		原料及主要材料	辅助材料	燃料	低值易耗品	合计
搅拌车间	塑料盆					
	塑料托盘					
	产品共同消耗					
	车间一般性消耗					
注塑车间	塑料盆					
	塑料托盘					
	产品共同消耗					
	车间一般性消耗					
丝印车间	塑料盆					
	塑料托盘					
	产品共同消耗					
	车间一般性消耗					
供电车间						
机修车间						
财务部门						
管理部门						
销售部门						
合计						

会计主管： 复核： 制单：

材料费用分配表

表 1－25　　　　年　月　日　　　　单位：元

<table>
<tr><th colspan="2" rowspan="2">领料部门</th><th rowspan="2">成本项目</th><th rowspan="2">直接计入</th><th colspan="3">分配计入</th><th rowspan="2">合计</th></tr>
<tr><th>分配标准</th><th>分配率</th><th>金额</th></tr>
<tr><td rowspan="5">搅拌车间</td><td>塑料盆</td><td>直接材料</td><td></td><td></td><td rowspan="3"></td><td></td><td></td></tr>
<tr><td>塑料托盘</td><td>直接材料</td><td></td><td></td><td></td><td></td></tr>
<tr><td colspan="2">小计</td><td></td><td></td><td></td><td></td></tr>
<tr><td rowspan="2">车间一般性消耗</td><td>材料</td><td></td><td></td><td></td><td></td><td></td></tr>
<tr><td>低值易耗品</td><td></td><td></td><td></td><td></td><td></td></tr>
<tr><td rowspan="5">注塑车间</td><td>塑料盆</td><td>直接材料</td><td></td><td></td><td rowspan="3"></td><td></td><td></td></tr>
<tr><td>塑料托盘</td><td>直接材料</td><td></td><td></td><td></td><td></td></tr>
<tr><td colspan="2">小计</td><td></td><td></td><td></td><td></td></tr>
<tr><td rowspan="2">车间一般性消耗</td><td>材料</td><td></td><td></td><td></td><td></td><td></td></tr>
<tr><td>低值易耗品</td><td></td><td></td><td></td><td></td><td></td></tr>
<tr><td rowspan="5">丝印车间</td><td>塑料盆</td><td>直接材料</td><td></td><td></td><td rowspan="3"></td><td></td><td></td></tr>
<tr><td>塑料托盘</td><td>直接材料</td><td></td><td></td><td></td><td></td></tr>
<tr><td colspan="2">小计</td><td></td><td></td><td></td><td></td></tr>
<tr><td rowspan="2">车间一般性消耗</td><td>材料</td><td></td><td></td><td></td><td></td><td></td></tr>
<tr><td>低值易耗品</td><td></td><td></td><td></td><td></td><td></td></tr>
<tr><td colspan="2" rowspan="2">供电车间</td><td>材料</td><td></td><td></td><td></td><td></td><td></td></tr>
<tr><td>低值易耗品</td><td></td><td></td><td></td><td></td><td></td></tr>
<tr><td colspan="2" rowspan="2">机修车间</td><td>材料</td><td></td><td></td><td></td><td></td><td></td></tr>
<tr><td>低值易耗品</td><td></td><td></td><td></td><td></td><td></td></tr>
<tr><td colspan="2" rowspan="2">财务部门</td><td>材料</td><td></td><td></td><td></td><td></td><td></td></tr>
<tr><td>低值易耗品</td><td></td><td></td><td></td><td></td><td></td></tr>
<tr><td colspan="2" rowspan="2">管理部门</td><td>材料</td><td></td><td></td><td></td><td></td><td></td></tr>
<tr><td>低值易耗品</td><td></td><td></td><td></td><td></td><td></td></tr>
<tr><td colspan="2" rowspan="2">销售部门</td><td>材料</td><td></td><td></td><td></td><td></td><td></td></tr>
<tr><td>低值易耗品</td><td></td><td></td><td></td><td></td><td></td></tr>
<tr><td colspan="3">合计</td><td></td><td></td><td></td><td></td><td></td></tr>
</table>

会计主管：　　　　复核：　　　　制单：

生产成本——基本生产成本明细账

表 1－26　　产品：塑料盆　　　　　　　　　　　　　　　　　　单位：元

年		凭证字号	摘要	直接材料	直接人工	制造费用	废品损失	发生额合计		余额
月	日							借方	贷方	

生产成本——基本生产成本明细账

表 1－27　　产品：塑料托盘　　　　　　　　　　　　　　　　　　　单位：元

年		凭证字号	摘要	直接材料	直接人工	制造费用	废品损失	发生额合计		余额
月	日							借方	贷方	

辅助生产成本明细账

表 1－28　　车间：供电车间　　　　　　　　　　　　　　　　单位：元

年		凭证字号	摘要	材料	人工	折旧	租金	水电费	其他	发生额合计		余额
月	日									借方	贷方	

辅助生产成本明细账

表1－29　　车间：机修车间　　　　　　　　　　　　　　　　　　　　　单位：元

年		凭证字号	摘要	材料	人工	折旧	租金	水电费	其他	发生额合计		余额
月	日									借方	贷方	

制造费用明细账

表 1 – 30　　车间：搅拌车间　　　　　　　　　　　　　　　　　　　　　　　　　　单位：元

年		凭证字号	摘要	材料	人工	折旧	租金	水电费	其他	发生额合计		余额
月	日									借方	贷方	

制造费用明细账

表 1-31　　车间：注塑车间　　　　　　　　　　　　　　　　　　　　　单位：元

年		凭证字号	摘要	材料	人工	折旧	租金	水电费	其他	发生额合计		余额
月	日									借方	贷方	

制造费用明细账

表 1－32　　车间：丝印车间　　　　单位：元

年		凭证字号	摘要	材料	人工	折旧	租金	水电费	其他	发生额合计		余额
月	日									借方	贷方	

废品损失明细账

表 1－33　　产品：塑料盆　　　　　　　　　　　　　　　　　　　　单位：元

年		凭证字号	摘要	直接材料	直接人工	制造费用	废品损失	发生额合计		余额
月	日							借方	贷方	

废品损失明细账

表 1－34　　产品：塑料托盘　　　　单位：元

年		凭证字号	摘要	直接材料	直接人工	制造费用	废品损失	发生额合计		余额
月	日							借方	贷方	

三、实训程序

（1）设置基本生产成本明细账，其中基本生产成本——塑料盆，基本生产成本——塑料托盘；设置辅助生产成本明细账，其中辅助生产成本——供电车间，辅助生产成本——机修车间；设置制造费用明细账，其中制造费用——搅拌车间，制造费用——注塑车间，制造费用——丝印车间；设置废品损失明细账，其中废品损失——塑料盆，废品损失——塑料托盘。然后根据期初在产品成本（见表1－2）登记基本生产成本期初余额。

（2）根据领料单编制领料凭证汇总表（见表1－24）。

（3）根据领料凭证汇总表编制材料费用分配表（见表1－25）。

（4）根据材料费用分配表编制记账凭证。

（5）根据审核无误的记账凭证登记有关明细账。

四、实训设计

（1）实训形式：本项实训由成本核算员1人独立完成。

（2）实训时间：本项实训需2学时。

（3）实训用纸：记账凭证5张。

实训二　人工费用的归集与分配

一、实训目的

了解工资计算的依据，熟悉工资结算单、工资结算汇总表的编制，掌握人工费用分配表的编制方法，体验工资核算岗位的会计工作。

二、实训资料

（1）广州天明塑料有限公司实行计时工资制，各部门、各车间人员工资额由所在部门与车间将有关原始资料报至人事部门。人事部门汇总整理后编制工资结算单并通知财务部门，由财务部门编制人工费用分配表。

（2）如果各生产车间生产一种产品，生产工人的工资作为直接计入费用，计入该产品“基本生产成本明细账”的工资项目；如果生产多种产品，生产工人的工资作为间接计入费用，搅拌车间、注塑车间按生产工时比例分配计入，丝印车间以产品数量为分配标准。

（3）搅拌车间的生产工时分别为塑料盆1 100小时、塑料托盘2 950小时；注塑车间的生产工时分别为塑料盆2 200小时、塑料托盘5 900小时；丝印车间完工产品的数量分别为塑料盆5 000个、塑料托盘8 040个。

（4）日工资 = 基础工资/21.75 天。

（5）2022 年 2 月份计算工资的有关资料如下列各表所示。

搅拌车间工资项目通知单

表 2 - 1　　2022 年 2 月 28 日　　单位：元

姓名	基本工资	奖金	津贴（物价）	住房补贴
李芳	2 500.00	100.00	100.00	150.00
田天	3 000.00	100.00	100.00	150.00
唐军	3 200.00	100.00	100.00	150.00
夏河	3 200.00	100.00	100.00	150.00
郭亮	2 550.00	100.00	100.00	150.00

搅拌车间考勤统计表

表 2 - 2　　2022 年 2 月 28 日

姓名	出勤分类						缺勤分类				备注
	出勤（天）	加班（天）	迟到	早退	中班（次）	夜班（次）	公假	工伤假	病假（天）	事假（天）	
李芳	18	1				2					病假按日工资的 80% 付工资，事假不付工资
田天	16				2				2		
唐军	16					2			1	1	
夏河	16				2					2	
郭亮	18	1				2					
合计											

广州天明塑料有限公司有关工资结算标准

表 2－3

项目	单位	金额（元）
加班加点	天	150.00
中班津贴	次	20.00
夜班津贴	次	40.00

广州天明塑料有限公司代扣款项通知单

表 2－4

2022 年 2 月 28 日

单位：元

扣款项目 姓名	社保	医保	公积金	其他	合计
李芳	246.40	61.60	308.00	30.80	646.80
田天	266.79	66.70	333.48	33.35	700.32
唐军	276.28	69.07	345.34	34.53	725.22
夏河	263.66	65.92	329.58	32.96	692.12
郭亮	250.40	62.60	313.00	31.30	657.30
合计	1 303.53	325.89	1 629.40	162.94	3 421.76

工资结算单

表2－5　部门：搅拌车间　2022年2月28日　单位：元

姓名	基础工资	奖金	加班工资	津贴			应扣工资		应付工资	代扣款项					实发金额
				物价	住房补贴	中夜班	病假	事假		社保	医保	公积金	其他	小计	
李芳															
田天															
唐军															
夏河															
郭亮															
王宇	2 800.00	100.00	150.00	100.00	150.00	40.00			3 340.00	267.20	66.80	334.00	33.40	701.40	2 638.60
李峰	2 800.00	100.00		100.00	150.00				3 150.00	252.00	63.00	315.00	31.50	661.50	2 488.50
江山	2 600.00	100.00		100.00	150.00	40.00			2 990.00	239.20	59.80	299.00	29.90	627.90	2 362.10
袁燕	2 600.00	100.00	300.00	100.00	150.00	80.00			3 330.00	266.40	66.60	333.00	33.30	699.30	2 630.70
冯丽	2 700.00	100.00		100.00	150.00				3 050.00	244.00	61.00	305.00	30.50	640.50	2 409.50
郭海	2 700.00	100.00	150.00	100.00	150.00	80.00			3 280.00	262.40	65.60	328.00	32.80	688.80	2 591.20
田文	2 750.00	100.00		100.00	150.00				3 100.00	248.00	62.00	310.00	31.00	651.00	2 449.00
合计	33 400.00	1 200.00	900.00	1 200.00	1 800.00	560.00	84.60	441.38	38 534.02	3 082.73	770.69	3 853.40	385.34	8 092.16	30 441.86

会计主管：　复核：　制单：

工资结算汇总表

表 2－6　　2022 年 2 月 28 日　　单位：元

部门人员		基础工资	奖金	加班工资	津贴			应扣工资		应付工资	代扣款项					实发金额
					物价	住房补贴	中夜班	病假	事假		社保	医保	公积金	其他	小计	
搅拌车间	生产工人															
	管理人员	4 470.00	360.00		180.00					5 010.00	400.80	100.20	501.00	50.10	1052.10	3 957.90
注塑车间	生产工人	52 900.00	2 800.00	750.00	2 800.00	4 200.00	560.00	694.00	568.00	62 748.00	5 019.84	1 254.96	6 274.80	627.48	13 177.08	49 570.92
	管理人员	7 590.00	600.00		300.00	800.00				9 290.00	743.20	185.80	929.00	92.90	1 950.90	7 339.10
丝印车间	生产工人	48 322.00	2 600.00	750.00	2 600.00	3 900.00	600.00	723.00		58 049.00	4 643.92	1 160.98	5 804.90	580.49	12 190.29	45 858.71
	管理人员	16 540.00	500.00		500.00	750.00				18 290.00	1 463.20	365.80	1 829.00	182.90	3 840.90	14 449.10
供电车间		6 809.00	300.00	600.00	300.00	450.00	40.00	27.00	324.00	8 148.00	651.84	162.96	814.80	81.48	1 711.08	6 436.92
机修车间		14 790.00	500.00	600.00	500.00	750.00	60.00	158.00		17 042.00	1 363.36	340.84	1 704.20	170.42	3 578.82	13 463.18
行政管理人员		25 740.00	1 000.00		10 000.00					36 740.00	2 939.20	734.80	3 674.00	367.40	7 715.40	29 024.60
销售人员		15 160.00	400.00		400.00	600.00			226.00	16 334.00	1 306.72	326.68	1 633.40	163.34	3 430.14	12 903.86
合计																

会计主管：　　复核：　　制单：

人工费用分配表

表 2 -7 年　月　日 单位：元

<table>
<tr><th rowspan="3">应借科目</th><th colspan="2" rowspan="3">部门</th><th rowspan="3">成本项目</th><th colspan="5">应付工资</th></tr>
<tr><th rowspan="2">直接计入</th><th colspan="3">分配计入</th><th rowspan="2">合计</th></tr>
<tr><th>分配标准</th><th>分配率</th><th>金额</th></tr>
<tr><td rowspan="9">基本生产成本</td><td rowspan="3">搅拌车间生产工人</td><td>塑料盆</td><td>直接人工</td><td></td><td></td><td></td><td></td><td></td></tr>
<tr><td>塑料托盘</td><td>直接人工</td><td></td><td></td><td></td><td></td><td></td></tr>
<tr><td colspan="2">小计</td><td></td><td></td><td></td><td></td><td></td></tr>
<tr><td rowspan="3">注塑车间生产工人</td><td>塑料盆</td><td>直接人工</td><td></td><td></td><td></td><td></td><td></td></tr>
<tr><td>塑料托盘</td><td>直接人工</td><td></td><td></td><td></td><td></td><td></td></tr>
<tr><td colspan="2">小计</td><td></td><td></td><td></td><td></td><td></td></tr>
<tr><td rowspan="3">丝印车间生产工人</td><td>塑料盆</td><td>直接人工</td><td></td><td></td><td></td><td></td><td></td></tr>
<tr><td>塑料托盘</td><td>直接人工</td><td></td><td></td><td></td><td></td><td></td></tr>
<tr><td colspan="2">小计</td><td></td><td></td><td></td><td></td><td></td></tr>
<tr><td rowspan="3">制造费用</td><td colspan="2">搅拌车间管理人员</td><td>工资</td><td></td><td></td><td></td><td></td><td></td></tr>
<tr><td colspan="2">注塑车间管理人员</td><td>工资</td><td></td><td></td><td></td><td></td><td></td></tr>
<tr><td colspan="2">丝印车间管理人员</td><td>工资</td><td></td><td></td><td></td><td></td><td></td></tr>
<tr><td rowspan="2">辅助生产成本</td><td colspan="2">供电车间</td><td>工资</td><td></td><td></td><td></td><td></td><td></td></tr>
<tr><td colspan="2">机修车间</td><td>工资</td><td></td><td></td><td></td><td></td><td></td></tr>
<tr><td>管理费用</td><td colspan="2">管理部门</td><td>工资</td><td></td><td></td><td></td><td></td><td></td></tr>
<tr><td>销售费用</td><td colspan="2">销售部门</td><td>工资</td><td></td><td></td><td></td><td></td><td></td></tr>
<tr><td colspan="4">合计</td><td></td><td></td><td></td><td></td><td></td></tr>
</table>

会计主管：　　　　复核：　　　　制单：

社会保险费、住房公积金、工会经费、职工教育经费计提表

表2－8　　　　年　月　日　　　　单位：元

部门		成本项目	应付工资	社会保险费（31.6%）	住房公积金（10%）	工会经费（2%）	职工教育经费（1.5%）	合计
搅拌车间生产工人	塑料盆	直接人工						
	塑料托盘	直接人工						
	小计							
注塑车间生产工人	塑料盆	直接人工						
	塑料托盘	直接人工						
	小计							
丝印车间生产工人	塑料盆	直接人工						
	塑料托盘	直接人工						
	小计							
搅拌车间管理人员		工资						
注塑车间管理人员		工资						
丝印车间管理人员		工资						
供电车间		工资						
机修车间		工资						
管理部门		工资						
销售部门		工资						
合计								

会计主管：　　　　复核：　　　　制单：

三、实训程序

（1）根据有关资料，计算搅拌车间李芳等5名生产工人的应付工资、代扣款项和实发金额，将计算结果填入工资结算单，合计各行数额。

（2）编制搅拌车间工资结算单（见表2－5）。

（3）汇编全厂工资结算汇总表（见表2－6）。

（4）根据工资结算汇总表编制人工费用分配表（见表2－7）。

（5）根据工资结算汇总表编制社会保险费、住房公积金、工会经费、职工教育经费计提表（见表2－8）。

（6）根据人工费用分配表，社会保险费、住房公积金、工会经费、职工教育经费计提表编制记账凭证，据以登记实训一设置的各种有关明细账。

四、实训设计

（1）实训形式：工资核算员负责工资计算，编制工资结算单及工资结算汇总表。成本核算员负责编制人工费用分配表和社会保险费、住房公积金、工会经费、职工教育经费计提表以及记账凭证，并登记实训一有关的明细账。

（2）实训时间：本项实训需2学时。

（3）实训用纸：记账凭证10张。

实训三　其他费用的归集与分配

一、实训目的

熟悉其他费用归集、分配的程序，掌握其他费用计入产品成本的方法，体验费用控制岗位的会计工作。

二、实训资料

广州天明塑料有限公司2022年2月发生的其他费用如下。

（一）固定资产折旧资料

固定资产折旧如表 3－1 所示。

固定资产折旧提取计算表

表 3－1　　2022 年 2 月 28 日　　单位：元

部门	固定资产类别	月初应计提折旧固定资产原值	折旧	
			月折旧率	折旧额
搅拌车间	办公设备	12 000.00	0.80%	96.00
	机器设备	128 000.00	0.50%	640.00
	小计	140 000.00		736.00
注塑车间	办公设备	40 000.00	0.80%	320.00
	机器设备	1 200 000.00	0.50%	6 000.00
	小计	1 240 000.00		6 320.00
丝印车间	办公设备	40 000.00	0.80%	320.00
	机器设备	140 000.00	0.50%	700.00
	小计	180 000.00		1 020.00
供电车间	办公设备	8 000.00	0.80%	64.00
	机器设备	100 000.00	0.50%	500.00
	小计	108 000.00		564.00
机修车间	办公设备	9 000.00	0.80%	72.00
	机器设备	50 000.00	0.50%	250.00
	小计	59 000.00		322.00
管理部门	办公设备	100 000.00	0.80%	800.00
销售部门	办公设备	20 000.00	0.80%	160.00
合计		1 847 000.00		9 922.00

（二）租金支配资料

工厂的各种厂房都为租用，每月月初用银行存款支付租金 10 000 元，如表 3－2 所示。

租金支付分配表

表 3－2　　2022 年 2 月 28 日　　单位：元

部门	金额
搅拌车间	2 000.00
注塑车间	2 000.00
丝印车间	2 000.00
供电车间	1 000.00
机修车间	1 000.00
管理部门	1 500.00
销售部门	500.00
合计	10 000.00

（三）分配本月水费

搅拌车间的生产工时分别为塑料盆 1 100 小时、塑料托盘 2 950 小时。注塑车间生产工时分别为塑料盆 2 200 小时、塑料托盘 5 900 小时。丝印车间完工产品的数量分别为塑料盆 5 000 个、塑料托盘 8 040 个。搅拌车间、注塑车间按生产工时比例分配计入，丝印车间以产品数量为分配标准。水费单价 3.46 元，均未支付。

本月各部门用水通知单

表 3－3　　2022 年 2 月 28 日　　单位：吨

受益对象耗用量										合计
搅拌车间		注塑车间		丝印车间		供电车间	机修车间	管理部门	销售部门	
生产用	一般性耗用	生产用	一般性耗用	生产用	一般性耗用					
650	50	180	20	270	30	50	40	80	30	1 400

外购水费分配表

表 3－4　　　　年　月　日

应借科目			成本或费用项目	水费分配计入			水费直接计入			合计
				分配标准	分配率	分配金额	用水量（吨）	单价（元）	金额（元）	
基本生产成本	搅拌车间	塑料盆	直接材料							
		塑料托盘	直接材料							
		小计								
	注塑车间	塑料盆	直接材料							
		塑料托盘	直接材料							
		小计								
	丝印车间	塑料盆	直接材料							
		塑料托盘	直接材料							
		小计								
辅助生产成本	供电车间		直接材料							
	机修车间		直接材料							
	小计									
制造费用	搅拌车间		水电费							
	注塑车间		水电费							
	丝印车间		水电费							
	小计									
管理费用	管理部门		水电费							
销售费用	销售部门		水电费							
合计										

（四）分配本月电费

全部费用计入供电车间，电费单价 1.20 元。

本月各部门用电通知单

表 3－5 2022 年 2 月 28 日

受益对象耗用量（度）						合计（度）	费用（元）
搅拌车间	注塑车间	丝印车间	机修车间	管理部门	销售部门		
1 300	2 500	900	70	180	60	5 010	6 012

（五）分配本月办公费用

本月购买办公用品直接现金支付，全厂统一分配。

办公费用分配表

表 3－6 2022 年 2 月 28 日 单位：元

部门	金额
搅拌车间	50.00
注塑车间	50.00
丝印车间	50.00
供电车间	50.00
机修车间	50.00
管理部门	300.00
销售部门	100.00
合计	650.00

三、实训程序

根据实训提供的资料，编制记账凭证，据以登记实训一设置的各种有关明细账。

四、实训设计

（1）实训形式：本项实训由成本核算员 1 人独立完成。
（2）实训时间：本项实训需 1 学时。
（3）实训用纸：记账凭证 11 张。

实训四　辅助生产费用的归集与分配

一、实训目的

通过实训使学生熟悉辅助生产费用归集的程序，熟练掌握辅助生产费用的分配方法及账务处理程序。

二、实训资料

广州天明塑料有限公司辅助生产费用分配采用交互分配法。

（一）辅助生产供应劳务数量

辅助生产供应劳务数量通知单

表 4－1　　2022 年 2 月 28 日

项目	受益对象耗用量													合计
	搅拌车间			注塑车间			丝印车间			供电车间	机修车间	管理部门	销售部门	
	塑料盆	塑料托盘	一般性消耗	塑料盆	塑料托盘	一般性消耗	塑料盆	塑料托盘	一般性消耗					
供电（度）	500	700	100	1 000	1 300	200	300	550	50		70	180	60	5 010
修理（小时）	10	15	5	17	25	8	12	15	5	20		20	10	162

（二）分配辅助生产费用

辅助生产费用分配表

表 4－2　　　　年　月　日　　　　单位：元

项目			交互分配			对外分配		
			供电车间	机修车间	合计	供电车间	机修车间	合计
待分配辅助生产费用								
对外供应劳务总量								
分配率								
机修车间		数量						
		金额						
供电车间		数量						
		金额						
搅拌车间	塑料盆	数量						
		金额						
	塑料托盘	数量						
		金额						
	一般性消耗	数量						
		金额						
注塑车间	塑料盆	数量						
		金额						
	塑料托盘	数量						
		金额						
	一般性消耗	数量						
		金额						
丝印车间	塑料盆	数量						
		金额						
	塑料托盘	数量						
		金额						
	一般性消耗	数量						
		金额						
管理部门		数量						
		金额						
销售部门		数量						
		金额						
合计								

三、实训程序

（1）根据实训提供的资料、辅助生产成本明细账编制辅助生产费用分配表（见表4－2）。
（2）根据辅助生产费用分配表编制记账凭证。
（3）根据记账凭证登记实训一设置的各种有关明细账。

四、实训设计

（1）实训形式：本项实训由成本核算员 1 人独立完成。
（2）实训时间：本项实训需 1 学时。
（3）实训用纸：记账凭证 3 张。

实训五　制造费用的归集与分配

一、实训目的

通过实训使学生熟悉制造费用归集的程序，熟练掌握制造费用的分配方法与账务处理。

二、实训资料

广州天明塑料有限公司所有车间采用生产工时比率法分配制造费用。

（一）生产工时

生产工时统计表

表 5－1　　2022 年 2 月 28 日　　单位：小时

产品名称	搅拌车间	注塑车间	丝印车间	合计
塑料盆	1 100	2 200	4 500	7 800
塑料托盘	2 950	5 900	6 500	15 350

（二）制造费用

制造费用分配表

表 5－2　分配单位：搅拌车间　　　　　　年　月　日

成本计算对象	生产工时（小时）	分配率	分配金额（元）
塑料盆			
塑料托盘			
合计			

制造费用分配表

表 5－3　分配单位：注塑车间　　　　　　年　月　日

成本计算对象	生产工时（小时）	分配率	分配金额（元）
塑料盆			
塑料托盘			
合计			

制造费用分配表

表 5－4　分配单位：丝印车间　　　　　　年　月　日

成本计算对象	生产工时（小时）	分配率	分配金额（元）
塑料盆			
塑料托盘			
合计			

三、实训程序

（1）根据实训提供的有关资料、制造费用明细账编制制造费用分配表。

（2）根据制造费用分配表编制记账凭证。

（3）根据记账凭证登记实训一设置的各种有关明细账。

四、实训设计

（1）实训形式：本项实训由成本核算员 1 人独立完成。
（2）实训时间：本项实训需 1 学时。
（3）实训用纸：记账凭证 3 张。

实训六　废品损失费用的归集与分配

一、实训目的

通过实训使学生熟悉废品损失费用归集的程序，掌握废品损失费用的分配方法及账务处理。

二、实训资料

广州天明塑料有限公司废品损失费用按定额成本法单独进行核算。每件塑料盆在注塑车间完工的费用定额是：直接材料 1.50 元，人工 7.00 元，制造费用 4.50 元。具体情况见下列各表。

废品通知单

表 6－1　　2022 年 2 月 28 日　　单位：个

部门	产品名称	废品数量	备注
注塑车间	塑料盆	40	不可修复废品

废品入库单

表 6－2　　2022 年 2 月 28 日

材料编号	材料名称	数量（千克）	单价（元）	金额（元）	用途
501	废料	5.5	10.00	55.00	不可修复残料入库

废品通知单

表 6－3　　2022 年 2 月 28 日　　单位：个

部门	产品名称	废品数量	备注
丝印车间	塑料托盘	50	可修复废品

废品损失赔偿通知单

表 6－4　　2022 年 2 月 28 日　　单位：元

责任者姓名	工种	赔偿金	备注
王一	丝印工	30.00	可修复废品责任赔偿

工资通知单

表 6－5　　2022 年 2 月 28 日

部门	产品名称	产品数量（个）	计件工资（元）	合计（元）	备注
丝印车间	塑料托盘	50	1.00	50.00	可修复废品

不可修复废品损失计算表

表 6－6　注塑车间塑料盆半成品　　年　月　日　　单位：元

项目	直接材料	直接人工	制造费用	合计
单件费用定额				
废品定额成本				
减：残值赔款				
废品损失				

三、实训程序

（1）根据实训提供的不可修复废品资料，编制不可修复废品损失计算表（见表 6－6）。

（2）根据实训资料中不可修复废品资料、不可修复废品损失计算表，编制记账凭证。

（3）根据实训资料中可修复废品资料，编制记账凭证。

（4）根据记账凭证登记实训一设置的各种明细账。

四、实训设计

（1）实训形式：本项实训由成本核算员 1 人独立完成。
（2）实训时间：本项实训需 2 学时。
（3）实训用纸：记账凭证 4 张。

实训七　生产费用在完工产品与在产品之间的分配

一、实训目的

通过实训使学生熟悉生产费用在完工产品和在产品之间分配的程序，熟练掌握生产费用的分配与账务处理。

二、实训资料

（一）在产品成本计算

在产品按约当产量计算成本，原材料是在某一工序开始时一次性投入的。废品损失全部由完工产品承担。

生产车间月末在产品数量

表 7－1　　2022 年 2 月 28 日　　单位：个

工序	塑料盆在产品数量	塑料托盘在产品数量
搅拌车间	1 200	1 050
注塑车间	950	1 700
丝印车间	1 250	2 660
合计	3 400	5 410

塑料盆在产品的投料率、完工程度及约当产量计算表

表 7－2　　　　单位：个

工序	在产品数量	投料率	完工程度	材料在产品约当产量	其他费用在产品约当产量
搅拌车间	1 200	80%	10%		
注塑车间	950	84%	45%		
丝印车间	1 250	100%	85%		
合计	3 400	—	—		

塑料托盘在产品的投料率、完工程度及约当产量计算表

表 7－3　　　　单位：个

工序	在产品数量	投料率	完工程度	材料在产品约当产量	其他费用在产品约当产量
搅拌车间	1 050	82%	10%		
注塑车间	1 700	85%	40%		
丝印车间	2 660	100%	80%		
合计	5 410	—	—		

（二）产品入库

产品入库单

表 7－4　　交货车间：　　　　2022 年 2 月 28 日

名称	交验数量（个）	检验结果（个）		实收数量（个）	单位成本（元）	总成本（元）	备注
		合格	不合格				
塑料盆		5 000		5 000			
塑料托盘		8 040		8 040			
合计							

仓库管理员：　　　　审核人：　　　　经办人：

（三）产品成本计算单

产品成本计算单

表7－5　产品：塑料盆　　　　年　月　日　　　　单位：元

项目	直接材料	直接人工	制造费用	废品损失	合计
月初在产品成本					
本月发生生产费用					
生产费用合计					
在产品的约当产量					
完工产品量					
分配率					
完工产品成本					
在产品成本					

产品成本计算单

表7－6　产品：塑料托盘　　　　年　月　日　　　　单位：元

项目	直接材料	直接人工	制造费用	废品损失	合计
月初在产品成本					
本月发生生产费用					
生产费用合计					
在产品的约当产量					
完工产品量					
分配率					
完工产品成本					
在产品成本					

三、实训程序

（1）根据实训提供的有关资料、基本生产成本明细账编制产品成本计算单。

（2）根据产品入库单（见表7－4）编制记账凭证。

（3）根据记账凭证登记实训一设置的各种有关明细账。

四、实训设计

（1）实训形式：本项实训由成本核算员 1 人独立完成。
（2）实训时间：本项实训需 2 学时。
（3）实训用纸：记账凭证 4 张。

模块二　产品成本计算方法

产品成本计算程序

产品成本计算程序包括：

（1）按成本计算对象开设基本生产成本明细账；

（2）根据有关资料分配各种要素费用；

（3）登记基本生产成本、辅助生产成本、制造费用以及管理费用等明细账；

（4）分配辅助生产费用；

（5）分配基本生产车间制造费用；

（6）分配计算各种完工产品成本和在产品成本；

（7）结转产成品成本。

产品成本计算最常用的方法有品种法、分批法、分步法、分类法，现将具体方法介绍如下。

实训八　品种法

一、实训目的

通过实训使学生熟悉品种法的核算程序，掌握产品成本计算的最基本方法——品种法。

二、实训资料

（一）企业概况

TS食品厂是一家小型企业，主营饼干与蛋糕的生产和销售业务。该厂的基本生产车间大量生产杏仁饼干和瑞士卷两种产品，采用封闭式的流水线生产。杏仁饼干的主要原料为低筋面粉、黄油、杏仁、奶粉、白糖、鸡蛋等；瑞士卷的主要原料为低筋面粉、奶油、植物油、鸡蛋、白糖、盐等。该厂还设有机修车间与供电车间，分别为企业提供修理劳务与电力。辅助生产费用采用直接分配法。

该企业采用的成本核算方法为品种法。该企业的原材料根据生产需要领用，并在领用后一次性投入（车间内期初、期末均无原材料余额）。领用的鸡蛋按投产产量的定额消耗比例分配，其定额为100千克瑞士卷消耗10千克鸡蛋，100千克杏仁饼干消耗2千克鸡蛋。低筋面粉30%用于瑞士卷的生产，70%用于杏仁饼干的生产。白糖60%用于瑞士卷的生产，40%用于杏仁饼干的生产。其他辅助材料50%用于瑞士卷的生产，50%用于杏仁饼干的生产。

车间工人的薪酬和制造费用按生产工时比例分配，机修车间费用按修理工时比例分配。两种产品均采用约当产量法计算完工产品成本和月末在产品成本（原材料在生产开始时一次性投入，在产品的完工程度为50%）。瑞士卷本月的生产工时为7 100小时，杏仁饼干本月的生产工时为6 500小时。

（二）2022年3月末的相关资料

生产车间月末在产品盘存单

表8－1　车间：基本生产车间　2022年3月31日

在产品名称	型号规格	盘点数量（千克）	单位成本（元）	总成本（元）	在产品完工率
杏仁饼干		1 530			50%
瑞士卷		1 621			50%

月末在产品成本表

表8－2　2022年3月31日　单位：元

产品	直接材料	直接人工	制造费用	合计
杏仁饼干	45 900.00	1 000.00	1 370.00	48 270.00
瑞士卷	12 968.00	1 054.00	1 458.00	15 480.00

（三）2022 年 4 月有关经济业务的原始凭证和相关资料

领料凭证汇总表

表 8－3　　2022 年 4 月 30 日　　单位：元

部门／材料	基本生产车间				辅助生产车间		管理部门	合计
	产品共用	瑞士卷	杏仁饼干	一般性耗用	机修车间	供电车间		
低筋面粉	68 400.00							68 400.00
白糖	24 320.00							24 320.00
鸡蛋	48 000.00							48 000.00
其他辅助材料	8 120.00							8 120.00
黄油			384 000.00					384 000.00
杏仁			160 000.00					160 000.00
奶粉			40 000.00					40 000.00
奶油		96 000.00						96 000.00
植物油		6 000.00						6 000.00
低值易耗品				2 000.00	6 000.00	1 000.00	5 000.00	14 000.00
机物料消耗				3 000.00		8 000.00		11 000.00
合计	148 840.00	102 000.00	584 000.00	5 000.00	6 000.00	9 000.00	5 000.00	859 840.00

工资结算汇总表

表 8－4　　2022 年 4 月 30 日　　单位：元

部门	各类人员	基本工资	奖金	津贴	合计
基本生产车间	生产工人	42 000.00	5 300.00	2 500.00	49 800.00
	管理人员	7 600.00	1 200.00	600.00	9 400.00
机修车间	机修车间人员	6 500.00	1 000.00	400.00	7 900.00
供电车间	供电车间人员	7 000.00	1 200.00	500.00	8 700.00
管理部门	管理人员	20 000.00	3 000.00	1 500.00	24 500.00
合计		83 100.00	11 700.00	5 500.00	100 300.00

固定资产折旧计算表

表 8－5　　2022 年 4 月 30 日　　单位：元

部门	固定资产类别	原值	年折旧率（%）	上月计提折旧额	上月增加固定资产的原值	上月减少固定资产的原值	本月应计提折旧额
基本生产车间	厂房	1 000 000.00	1.00	833.33			833.33
	设备	600 000.00	5.00	2 500.00			2 500.00
	小计	1 600 000.00		3 333.33			3 333.33
机修车间	厂房	200 000.00	1.00	166.67			166.67
	设备	40 000.00	5.00	175.00			175.00
	小计	240 000.00		341.67			341.67
供电车间	厂房	100 000.00	1.00	100.00			100.00
	设备	60 000.00	5.00	250.00			250.00
	小计	160 000.00		350.00			350.00
管理部门	厂房	300 000.00	1.00	250.00			250.00
	设备	60 000.00	6.00	300.00			300.00
	小计	360 000.00		550.00			550.00
合计		2 360 000.00		4 575.00			4 575.00

本月各部门用水通知单

表 8－6　　2022 年 4 月 30 日

费用额（元）	单价（元）	受益对象耗用量（吨）					
		基本生产车间		供电车间	机修车间	管理部门	合计
		生产用	一般性消耗				
1 141.80	3.46	180	20	30	20	80	330

本月各部门用电通知单

表 8－7　　2022 年 4 月 30 日

费用额（元）	单价（元）	受益对象耗用量（度）				
		基本生产车间	供电车间	机修车间	管理部门	合计
22 920.00	1.20	18 000		300	800	19 100

注：全部费用计入供电车间。

办公费用及其他费用分配表

表 8－8 2022 年 4 月 30 日 单位：元

部门	办公费用	其他费用	金额
基本生产车间	800.00	500.00	1 300.00
机修车间	300.00	200.00	500.00
供电车间	300.00	200.00	500.00
管理部门	1 000.00	700.00	1 700.00
合计	2 400.00	1 600.00	4 000.00

注：用银行存款支付办公费用及其他费用。

产品成本入库单

表 8－9 交库单位：基本生产车间 2022 年 4 月 30 日 单位：千克

产品名称	型号规格	交付数量	检查结果		实收数量	备注
			合格	不合格		
瑞士卷		19 800	19 800		19 800	
杏仁饼干		18 800	18 800		18 800	

生产车间月末在产品盘存单

表 8－10 车间：基本生产车间 2022 年 4 月 30 日

在产品名称	型号规格	盘点数量（千克）	单位成本（元）	总成本（元）	在产品完工率
瑞士卷		2 580			50%
杏仁饼干		2 830			50%

辅助生产供应劳务数量通知单

表 8－11 2022 年 4 月 30 日

项目	受益对象耗用量						
	基本生产车间			供电车间	机修车间	管理部门	合计
	瑞士卷	杏仁饼干	一般性消耗				
修理（小时）	10	15	5	10		15	55
供电（度）	9 100	8 400	500		300	800	19 100

（四）实训用表

产品共同耗用低筋面粉费用分配表

表 8－12　　基本生产车间　　　　　　　　年　月　日　　　　　　　　　　单位：元

<table>
<tr><td rowspan="2">产品名称</td><td rowspan="2">材料名称</td><td colspan="2">共同耗用材料费用总额</td></tr>
<tr><td>分配率</td><td>应分配材料费用</td></tr>
<tr><td>瑞士卷</td><td></td><td></td><td></td></tr>
<tr><td>杏仁饼干</td><td></td><td></td><td></td></tr>
<tr><td colspan="2">合计</td><td></td><td></td></tr>
</table>

产品共同耗用白糖费用分配表

表 8－13　　基本生产车间　　　　　　　　年　月　日　　　　　　　　　　单位：元

<table>
<tr><td rowspan="2">产品名称</td><td rowspan="2">材料名称</td><td colspan="2">共同耗用材料费用总额</td></tr>
<tr><td>分配率</td><td>应分配材料费用</td></tr>
<tr><td>瑞士卷</td><td></td><td></td><td></td></tr>
<tr><td>杏仁饼干</td><td></td><td></td><td></td></tr>
<tr><td colspan="2">合计</td><td></td><td></td></tr>
</table>

产品共同耗用其他辅助材料费用分配表

表 8－14　　基本生产车间　　　　　　　　年　月　日　　　　　　　　　　单位：元

<table>
<tr><td rowspan="2">产品名称</td><td rowspan="2">材料名称</td><td colspan="2">共同耗用材料费用总额</td></tr>
<tr><td>分配率</td><td>应分配材料费用</td></tr>
<tr><td>瑞士卷</td><td></td><td></td><td></td></tr>
<tr><td>杏仁饼干</td><td></td><td></td><td></td></tr>
<tr><td colspan="2">合计</td><td></td><td></td></tr>
</table>

产品共同耗用鸡蛋费用分配表

表 8－15　　基本生产车间　　　　　　年　月　日　　　　　　单位：元

产品名称	材料名称	投产产品产量	投产产品定额消耗量	共同耗用材料费用总额	
				分配率	应分配材料费用
瑞士卷	鸡蛋				
杏仁饼干	鸡蛋				
合计					

材料费用分配表

表 8－16　　　　　　年　月　日　　　　　　单位：元

领料部门		成本项目	直接计入	分配计入	合计
基本生产车间	瑞士卷	直接材料			
	杏仁饼干	直接材料			
	一般性消耗	材料			
供电车间		低值易耗品			
机修车间		低值易耗品			
管理部门		低值易耗品			
合计					

人工费用分配表

表 8－17　　　　　　年　月　日　　　　　　单位：元

部门		成本项目	应付工资				
			直接计入	分配计入			合计
				生产工时	分配率	金额	
基本生产车间	瑞士卷	直接人工					
	杏仁饼干	直接人工					
	一般性消耗	工资					
	小计						
供电车间		工资					
机修车间		工资					
管理部门		工资					
合计							

外购水费分配表

表 8－18　　　　年　月　日　　　　单位：元

<table>
<tr><td colspan="3" rowspan="2">应借科目</td><td rowspan="2">成本或费用项目</td><td colspan="3">水费分配计入</td><td colspan="3">水费直接计入</td><td rowspan="2">合计</td></tr>
<tr><td>投产产量</td><td>分配率</td><td>分配金额</td><td>用水吨数</td><td>单价</td><td>金额</td></tr>
<tr><td rowspan="3">基本生产成本</td><td rowspan="3">基本生产车间</td><td>瑞士卷</td><td>直接材料</td><td></td><td></td><td></td><td></td><td></td><td></td><td></td></tr>
<tr><td>杏仁饼干</td><td>直接材料</td><td></td><td></td><td></td><td></td><td></td><td></td><td></td></tr>
<tr><td colspan="2">小计</td><td></td><td></td><td></td><td></td><td></td><td></td><td></td></tr>
<tr><td rowspan="2">辅助生产成本</td><td colspan="2">供电车间</td><td>直接材料</td><td></td><td></td><td></td><td></td><td></td><td></td><td></td></tr>
<tr><td colspan="2">机修车间</td><td>直接材料</td><td></td><td></td><td></td><td></td><td></td><td></td><td></td></tr>
<tr><td>制造费用</td><td colspan="2">基本生产车间</td><td>水电费</td><td></td><td></td><td></td><td></td><td></td><td></td><td></td></tr>
<tr><td>管理费用</td><td colspan="2">管理部门</td><td>水电费</td><td></td><td></td><td></td><td></td><td></td><td></td><td></td></tr>
<tr><td colspan="4">合计</td><td></td><td></td><td></td><td></td><td></td><td></td><td></td></tr>
</table>

辅助生产费用分配表

表 8－19　　　　年　月　日　　　　单位：元

<table>
<tr><td colspan="3" rowspan="2">项目</td><td colspan="3">直接分配</td></tr>
<tr><td>机修车间</td><td>供电车间</td><td>合计</td></tr>
<tr><td colspan="3">待分配辅助生产费用</td><td></td><td></td><td></td></tr>
<tr><td colspan="3">对外供应劳务总量</td><td></td><td></td><td></td></tr>
<tr><td colspan="3">分配率</td><td></td><td></td><td></td></tr>
<tr><td rowspan="6">基本生产车间</td><td rowspan="2">瑞士卷</td><td>数量</td><td></td><td></td><td></td></tr>
<tr><td>金额</td><td></td><td></td><td></td></tr>
<tr><td rowspan="2">杏仁饼干</td><td>数量</td><td></td><td></td><td></td></tr>
<tr><td>金额</td><td></td><td></td><td></td></tr>
<tr><td rowspan="2">一般性消耗</td><td>数量</td><td></td><td></td><td></td></tr>
<tr><td>金额</td><td></td><td></td><td></td></tr>
<tr><td colspan="2" rowspan="2">管理部门</td><td>数量</td><td></td><td></td><td></td></tr>
<tr><td>金额</td><td></td><td></td><td></td></tr>
<tr><td colspan="3">合计</td><td></td><td></td><td></td></tr>
</table>

制造费用分配表

表 8－20　　年　月　日　　单位：元

成本计算对象	生产工时	分配率	分配金额
瑞士卷			
杏仁饼干			
合计			

产品成本计算单

表 8－21　产品：瑞士卷　　年　月　日　　单位：元

项目	直接材料	直接人工	制造费用	合计
月初在产品成本				
本月发生生产费用				
生产费用合计				
在产品的约当产量				
分配率				
完工产品成本				
在产品成本				

产品成本计算单

表 8－22　产品：杏仁饼干　　年　月　日　　单位：元

项目	直接材料	直接人工	制造费用	合计
月初在产品成本				
本月发生生产费用				
生产费用合计				
在产品的约当产量				
分配率				
完工产品成本				
在产品成本				

产品入库单

表 8－23　　交货车间：　　　　　　　　　　年　月　日　　　　　　　　　　单位：元

名称	单位	交验数量	检验结果（数量）		实收数量	单位成本	总成本	备注
			合格	不合格				
合计								

仓库管理员：　　　　　　　　　　审核人：　　　　　　　　　　经办人：

生产成本——基本生产成本明细账

表 8－24　　产品：瑞士卷　　　　　　　　　　　　　　　　　　　　单位：元

年		凭证字号	摘要	直接材料	直接人工	制造费用	发生额合计		余额
月	日						借方	贷方	

生产成本——基本生产成本明细账

表 8－25　产品：杏仁饼干　　　　　　　　　　　　　　　　　单位：元

年		凭证字号	摘要	直接材料	直接人工	制造费用	发生额合计		余额
月	日						借方	贷方	

辅助生产成本明细账

表 8－26　　车间：供电车间　　　　　　　　　　　　　　　　　　　　　　单位：元

年		凭证字号	摘要	材料	人工	折旧	租金	水电费	其他	发生额合计		余额
月	日									借方	贷方	

辅助生产成本明细账

表 8－27　　车间：机修车间　　　　单位：元

年		凭证字号	摘要	材料	人工	折旧	租金	水电费	其他	发生额合计		余额
月	日									借方	贷方	

制造费用明细账

表 8－28　　车间：基本生产车间　　　　　　　　　　　　　　单位：元

年		凭证字号	摘要	材料	人工	折旧	租金	水电费	其他	发生额合计		余额
月	日									借方	贷方	

三、实训程序

（1）编制瑞士卷和杏仁饼干的基本生产成本明细账、机修车间与供电车间的辅助生产成本明细账和基本生产车间的制造费用——基本生产车间明细账（见表 8－24、表 8－25、表8－26、表 8－27、表 8－28），并根据 2022 年 3 月月末在产品成本表（见表 8－2）登记基本生产成本明细账的期初余额。

（2）根据领料凭证汇总表（见表 8－3），编制表 8－12、表 8－13、表 8－14、表 8－15。

（3）根据领料凭证汇总表（见表 8－3）和产品共同耗用材料费用分配表（见表 8－12、表 8－13、表 8－14、表 8－15）编制材料费用分配表（见表 8－16），并根据表 8－16 编制记账凭证。

（4）根据工资结算汇总表（见表 8－4），编制人工费用分配表（见表 8－17），并编制记账凭证。

（5）根据固定资产折旧计算表（见表 8－5），编制记账凭证。

（6）根据本月各部门用水通知单（见表 8－6），编制外购水费分配表（见表 8－18），并编制记账凭证。

（7）根据本月各部门用电通知单（见表 8－7），编制记账凭证。

（8）根据办公费用及其他费用分配表（见表 8－8），编制记账凭证。

（9）根据前述各项分配表及记账凭证，登记辅助生产成本明细账、制造费用明细账、产品成本明细账。

（10）根据辅助生产成本明细账和其他相关资料，编制辅助生产费用分配表（见表 8－19），并编制记账凭证。

（11）根据辅助生产费用分配表，登记辅助生产成本明细账、制造费用明细账、产品成本明细账。

（12）根据制造费用明细账和其他相关资料，编制制造费用分配表（见表 8－20），并编制记账凭证。

（13）根据制造费用分配表，登记制造费用明细账和基本生产成本明细账。

（14）根据产品成本明细账和其他相关资料，编制产品成本计算单（见表 8－21、表 8－22），并计算各种产品的完工产品成本和月末在产品成本。

（15）编制产品入库单（见表 8－23），并编制记账凭证。

四、实训设计

（1）实训形式：本项实训由成本核算员 1 人独立完成。

（2）实训时间：本项实训需 4 学时。

（3）实训用纸：记账凭证 15 张。

实训九　一般分批法

一、实训目的

熟悉产品成本核算的基本原理和一般程序，掌握产品成本核算方法——一般分批法。

二、实训资料

（一）企业概况

广州 A 工厂是一家小批单件单步骤生产的中小型企业，产品成本核算方法采用一般分批法。该企业生产甲、乙、丙三种产品，企业生产部门根据订单情况下达生产任务通知单，按生产令号组织生产，以生产令号为成本计算对象。企业设有一个基本生产车间和一个辅助生产的机修车间。原材料是开始生产时一次性投入的。701、702 批次是 2022 年 4 月投产，801、802、803 批次是 2022 年 5 月投产。

企业按生产令号建立产品成本明细账，具体情况为：

（1）701 号甲产品 10 台，4 月份投产，5 月份全部完工。

（2）702 号甲产品 14 台，4 月份投产，5 月份完工 10 台、未完工 4 台。

（3）801 号乙产品 10 台，5 月份投产，计划 6 月份完工，5 月份完工 2 台。

（4）802 号乙产品 12 台，5 月份投产，计划 6 月份完工，5 月份未完工。

（5）803 号丙产品 16 台，5 月份投产，计划 6 月份完工，5 月份未完工。

（二）期初在产品成本资料与乙产品的定额资料

期初在产品成本

表 9－1　　2022 年 4 月 30 日　　单位：元

生产令号	直接材料	直接人工	制造费用	合计
701	5 000.00	5 700.00	6 500.00	17 200.00
702	7 000.00	6 000.00	6 800.00	19 800.00
合计	12 000.00	11 700.00	13 300.00	37 000.00

702 号产品主要原材料是在生产开始时一次性投入的。材料费用可以按完工产品和在产品实际数量比例分配，其他费用采用约当产量比例法在完工产品与月末在产品之间进行分配。在产品完工程度为70%。

801 号乙产品 5 月份完工 2 台，为简化核算，完工产品按计划成本转出，每台计划成本见表 9－2。

乙产品单位计划成本

表 9－2　　2022 年 5 月　　单位：元

项目	直接材料	直接人工	制造费用	合计
单位计划成本	685.00	2 530.00	2 500.00	5 715.00

（三）2022 年 5 月发生的各项业务

（1）基本生产车间、机修车间、管理部门 5 月份的领料情况如表 9－3 所示。共同耗用的辅助材料以直接耗用原材料为分配标准。

领料凭证汇总表

表 9－3　　2022 年 5 月 31 日　　单位：元

应借账户	基本生产车间					机修车间	制造费用	管理费用	合计
	801	802	803	当月投产产品共同耗用	小计		基本生产车间一般性消耗		
原材料	5 800.00	8 900.00	10 900.00		25 600.00				25 600.00
辅助原料				4 608.00	4 608.00				4 608.00
低值易耗品					0.00	2 500.00	4 468.00	6 690.00	13 658.00
合计	5 800.00	8 900.00	10 900.00	4 608.00	30 208.00	2 500.00	4 468.00	6 690.00	43 866.00

（2）基本生产车间、机修车间、管理部门 5 月份的工资情况见工资结算汇总表（表 9－5）。其中生产工人按照生产工时比率分配计入各生产令号的基本生产成本。

生产工时统计表

表 9－4　　2022 年 5 月 31 日　　单位：小时

生产令号	生产工时
701	900
702	950
801	1 200
802	1 500
803	1 980
合计	6 530

工资结算汇总表

表 9－5　编制单位：广州 A 工厂　　2022 年 5 月 31 日　　单位：元

部门人员	基础工资	奖金	加班工资	津贴			应扣工资		应付工资
				物价	住房补贴	中夜班	病假	事假	
车间生产人员	86 809.00	3 900.00	6 000.00	2 754.00	4 050.00	40.00	55.00	324.00	103 174.00
车间管理人员	15 890.00	700.00	600.00	500.00	800.00	50.00	143.00		18 397.00
机修车间人员	13 290.00	500.00	400.00	400.00	750.00	60.00	158.00		15 242.00
行政管理人员	29 840.00	1 000.00		10 000.00					40 840.00
合计	145 829.00	6 100.00	7 000.00	13 654.00	5 600.00	150.00	356.00	324.00	177 653.00

（3）固定资产折旧的有关计算资料如表9－6所示。

固定资产折旧提取计算表

表9－6　　2022年5月31日　　单位：元

部门	固定资产类别	月初应计提折旧固定资产原值	折旧	
			月折旧率	折旧额
基本生产车间	办公设备	23 000.00	0.80%	
	机器设备	150 000.00	0.50%	
	小计	173 000.00		
机修车间	办公设备	11 000.00	0.80%	
	机器设备	55 000.00	0.50%	
	小计	66 000.00		
管理部门	办公设备	100 000.00	0.80%	
合计		339 000.00		

（4）5月份用银行存款支付电费49 200.00元，水费8 753.80元，各部门5月份耗用的水电量如表9－7所示。其中基本生产车间的水电费按照生产工时比率分配计入各生产令号的基本生产成本。

各个部门耗用的水电量表

表9－7　　2022年5月31日

使用部门	用电量（度）	用水量（吨）
基本生产车间生产用	30 000	2 400
基本生产车间一般性耗用	900	10
机修车间	5 000	80
管理部门	5 100	40
合计	41 000	2 530

（5）5 月份用银行存款支付租金 10 500.00 元，具体情况如表 9－8 所示。

租金支付分配表

表 9－8　　2022 年 5 月 31 日　　单位：元

部门	金额
基本生产车间	8 000.00
机修车间	1 000.00
管理部门	1 500.00
合计	10 500.00

（6）企业以现金支付办公费 600.00 元，具体情况如表 9－9 所示。

办公费用分配表

表 9－9　　2022 年 5 月 31 日　　单位：元

部门	金额
基本生产车间	150.00
机修车间	150.00
管理部门	300.00
合计	600.00

（7）机修车间生产费用按各部门耗用劳务数量分配，制造费用按机器工时分配计入各生产令号的基本生产成本。

机修车间提供劳务汇总表

表 9－10　　2022 年 5 月 31 日　　单位：小时

受益部门		修理工时
生产耗用	701	180
	702	190
	801	210
	802	247
	803	273
基本生产车间一般性消耗		20
管理部门		100
合计		1 220

（四）实训用表

材料费用分配表

表 9－11　　　　年　月　日　　　　单位：元

领料部门		成本项目	直接计入	分配计入			合计
				分配标准	分配率	金额	
基本生产车间	701	直接材料					
	702	直接材料					
	801	直接材料					
	802	直接材料					
	803	直接材料					
	小计						
机修车间		低值易耗品					
基本生产车间一般性消耗		低值易耗品					
管理部门		低值易耗品					
合计							

人工费用分配表

表 9－12　　　　年　月　日　　　　单位：元

应借科目	部门	成本项目	应付工资				
			直接计入	分配计入			合计
				分配标准	分配率	金额	
基本生产成本	701	直接人工					
	702	直接人工					
	801	直接人工					
	802	直接人工					
	803	直接人工					
	小计						
制造费用	基本生产车间	工资					
辅助生产成本	机修车间	工资					
管理费用	管理部门	工资					
合计							

固定资产折旧提取计算表

表 9－13　　　　年　月　日　　　　单位：元

部门	固定资产类别	月初应计提折旧固定资产原值	折旧	
			月折旧率	折旧额
基本生产车间	办公设备			
	机器设备			
	小计			
机修车间	办公设备			
	机器设备			
	小计			
管理部门	办公设备			
合计				

外购水电费分配表

表 9－14　　　　年　月　日　　　　单位：元

应借科目		成本或费用项目	电费直接计入	水费直接计入	电费分配计入			水费分配计入			合计
			金额	金额	分配标准	分配率	分配金额	分配标准	分配率	分配金额	
基本生产成本	701	制造费用									
	702	制造费用									
	801	制造费用									
	802	制造费用									
	803	制造费用									
	小计										
辅助生产成本	机修车间	水电费									
制造费用	基本生产车间	水电费									
管理费用	管理部门	水电费									
合计											

辅助生产费用分配表（直接分配法）

表 9－15　　　　　　　　　　年　月　日　　　　　　　　　　单位：元

项目		耗用数量	分配金额
待分配辅助生产费用			
对外供应劳务数量			
单位成本（分配率）			
生产耗用	701		
	702		
	801		
	802		
	803		
基本生产车间一般性耗用			
管理部门耗用			
合计			

制造费用分配表

表 9－16　　车间：基本生产车间　　　　　年　月　日

分配对象（生产令号）	分配标准（生产工时）	分配率	分配金额（元）
701			
702			
801			
802			
803			
合计			

701 号产品成本计算单

表 9－17　　年　月　日　　单位：元

项目	直接材料	直接人工	制造费用	合计
月初在产品成本				
本月发生生产费用				
生产费用合计				
完工产品成本				

注：投产日期 4 月，完工日期 5 月，共 10 台。

702 号产品成本计算单

表 9－18　　年　月　日　　单位：元

项目	直接材料	直接人工	制造费用	合计
月初在产品成本				
本月发生生产费用				
生产费用合计				
在产品的约当产量				
分配率				
完工产品成本				
在产品成本				

注：投产日期 4 月，计划完工日期 6 月，共 14 台，本月完工 10 台。

801 号产品成本计算单

表 9－19　　年　月　日　　单位：元

项目	直接材料	直接人工	制造费用	合计
月初在产品成本				
本月发生生产费用				
生产费用合计				
计划单位成本				
完工产品成本				
在产品成本				

注：投产日期 5 月，计划完工日期 6 月，共 10 台，本月完工 2 台。

802 号产品成本计算单

表 9 - 20　　年　月　日　　单位：元

项目	直接材料	直接人工	制造费用	合计
月初在产品成本				
本月发生生产费用				
生产费用合计				
在产品成本				

注：投产日期 5 月，计划完工日期 6 月，共 12 台，全部未完工。

803 号产品成本计算单

表 9 - 21　　年　月　日　　单位：元

项目	直接材料	直接人工	制造费用	合计
月初在产品成本				
本月发生生产费用				
生产费用合计				
在产品成本				

注：投产日期 5 月，计划完工日期 6 月，共 16 台，全部未完工。

产成品成本汇总表

表 9 - 22　　年　月　日　　单位：元

产成品名称	生产令号	总成本
甲	701	
甲	702	
乙	801	
合计		

生产成本——基本生产成本明细账

表 9－23　　产品批次：701　　　　单位：元

年		凭证字号	摘要	直接材料	直接人工	制造费用	废品损失	发生额合计		余额
月	日							借方	贷方	

生产成本——基本生产成本明细账

表 9－24　　产品批次：702　　　　　　　　　　　　　　　　　　　　　　　单位：元

年		凭证字号	摘要	直接材料	直接人工	制造费用	废品损失	发生额合计		余额
月	日							借方	贷方	

生产成本——基本生产成本明细账

表 9－25　　产品批次：801　　　　　　　　　　单位：元

年		凭证字号	摘要	直接材料	直接人工	制造费用	废品损失	发生额合计		余额
月	日							借方	贷方	

生产成本——基本生产成本明细账

表 9－26　　产品批次：802　　　　　　　　　　　　　　　　　　　　单位：元

年		凭证字号	摘要	直接材料	直接人工	制造费用	废品损失	发生额合计		余额
月	日							借方	贷方	

生产成本——基本生产成本明细账

表 9－27　　产品批次：803　　　　　　　　　　　　单位：元

年		凭证字号	摘要	直接材料	直接人工	制造费用	废品损失	发生额合计		余额
月	日							借方	贷方	

辅助生产成本明细账

表 9－28　　车间：机修车间　　　　　　　　　　　　　　　　　　单位：元

年		凭证字号	摘要	材料	人工	折旧	租金	水电费	其他	发生额合计		余额
月	日									借方	贷方	

制造费用明细账

表 9－29　　车间：基本生产车间　　　　　　　　　　　　　　　　　　　　　　单位：元

年		凭证字号	摘要	材料	人工	折旧	租金	水电费	其他	发生额合计		余额
月	日									借方	贷方	

三、实训程序

（1）编制明细账。编制基本生产成本明细账5个、辅助生产成本明细账1个、制造费用明细账1个（见表9－23、表9－24、表9－25、表9－26、表9－27、表9－28、表9－29），并根据期初在产品成本（见表9－1）登记基本生产成本明细账期初余额。

（2）根据领料凭证汇总表（见表9－3），编制材料费用分配表（见表9－11），并编制记账凭证。

（3）根据工资结算汇总表和其他相关资料（见表9－4、表9－5），编制人工费用分配表（见表9－12），并编制记账凭证。

（4）根据固定资产折旧提取计算表（见表9－6），编制固定资产折旧提取计算表（见表9－13），并编制记账凭证。

（5）根据各个部门耗用的水电量表（见表9－7），编制外购水电费分配表（见表9－14），并编制记账凭证。

（6）根据租金支付分配表（见表9－8），编制租金摊销的记账凭证。

（7）根据办公费用分配表（见表9－9），编制支付办公费的记账凭证。

（8）根据前述各项分配表及记账凭证，登记辅助生产成本明细账、制造费用明细账、产品成本明细账。

（9）根据辅助生产成本明细账和其他相关资料［如机修车间提供劳务汇总表（见表9－10）］，编制辅助生产费用分配表（见表9－15），并编制记账凭证。

（10）根据辅助生产费用分配表，登记辅助生产成本明细账、制造费用明细账、基本生产成本明细账。

（11）根据制造费用明细账和其他相关资料，编制制造费用分配表（见表9－16），并编制记账凭证。

（12）根据制造费用分配表，登记制造费用明细账和基本生产成本明细账。

（13）根据产品成本明细账和其他相关资料，编制产品成本计算单，并计算各种产品的完工产品成本和月末在产品成本。

（14）编制产成品成本汇总表（见表9－22），并编制入库产品记账凭证。

四、实训设计

（1）实训形式：本项实训由成本核算员1人独立完成。

（2）实训时间：本项实训需4学时。

（3）实训用纸：记账凭证12张。

实训十　分项结转分步法

一、实训目的

通过实训使学生掌握多步骤生产的企业所采用的产品成本核算法——分项结转分步法的基本程序，提高运用分项结转分步法进行产品成本核算的实务操作能力、分析判断能力以及解决综合问题的能力。

二、实训资料

（一）企业概况

广州天明塑料有限公司是一家大量大批生产的小型企业，拥有资产 300 万元，职工 100 多人。该企业主要生产塑料盆、塑料托盘。

生产过程分为搅拌、注塑和丝印三个步骤，该厂设有搅拌车间、注塑车间、丝印车间三个基本生产车间，还有机修车间、供电车间两个辅助生产车间。搅拌车间将原材料搅拌成塑料颗粒，然后将塑料颗粒全部供给注塑车间，注塑车间再将加工过的材料供给丝印车间制成最终产成品。供电车间为厂里各部门提供动力，机修车间从事设备维修。

产品成本计算采用分项结转分步法。产品成本项目包括直接材料、直接人工、制造费用、废品损失。废品损失全部由完工产品承担。人工费用与制造费用按约当产量分配。材料在每一生产步骤开始时一次性投入。

（二）期初在产品成本

期初在产品成本

表 10－1　　车间：搅拌车间　　　　2022 年 5 月 1 日　　　　单位：元

项目	直接材料	直接人工	制造费用	合计
塑料盆半成品	1 040.00	1 200.00	640.00	2 880.00
塑料托盘半成品	2 300.00	1 950.00	975.00	5 225.00
合计	3 340.00	3 150.00	1 615.00	8 105.00

期初在产品成本

表 10－2　车间：注塑车间　　2022 年 5 月 1 日　　单位：元

项目	直接材料	直接人工	制造费用	合计
塑料盆半成品	1 275.00	2 975.00	1 700.00	5 950.00
塑料托盘半成品	2 340.00	9 000.00	5 000.00	16 340.00
合计	3 615.00	11 975.00	6 700.00	22 290.00

期初在产品成本

表 10－3　车间：丝印车间　　2022 年 5 月 1 日　　单位：元

项目	直接材料	直接人工	制造费用	合计
塑料盆	1 200.00	6 000.00	4 160.00	11 360.00
塑料托盘	3 360.00	24 000.00	12 000.00	39 360.00
合计	4 560.00	30 000.00	16 160.00	50 720.00

（三）广州天明塑料有限公司 2022 年 5 月有关业务

材料费用分配表

表 10－4　　2022 年 5 月 31 日　　单位：元

<table>
<tr><th colspan="2">领料部门</th><th>成本项目</th><th>直接计入</th><th>分配计入</th><th>合计</th></tr>
<tr><td rowspan="5">搅拌车间</td><td>塑料盆</td><td>直接材料</td><td>6 250.00</td><td>125.00</td><td>6 375.00</td></tr>
<tr><td>塑料托盘</td><td>直接材料</td><td>8 100.00</td><td>225.00</td><td>8 325.00</td></tr>
<tr><td colspan="2">小计</td><td>14 350.00</td><td>350.00</td><td>14 700.00</td></tr>
<tr><td rowspan="2">车间一般性消耗</td><td>材料</td><td></td><td></td><td></td></tr>
<tr><td>低值易耗品</td><td>1 080.00</td><td></td><td>1 080.00</td></tr>
<tr><td rowspan="5">注塑车间</td><td>塑料盆</td><td>直接材料</td><td></td><td></td><td></td></tr>
<tr><td>塑料托盘</td><td>直接材料</td><td></td><td></td><td></td></tr>
<tr><td colspan="2">小计</td><td></td><td></td><td></td></tr>
<tr><td rowspan="2">车间一般性消耗</td><td>材料</td><td></td><td></td><td></td></tr>
<tr><td>低值易耗品</td><td>1 260.00</td><td></td><td>1 260.00</td></tr>
<tr><td rowspan="5">丝印车间</td><td>塑料盆</td><td>直接材料</td><td>150.00</td><td>613.50</td><td>763.50</td></tr>
<tr><td>塑料托盘</td><td>直接材料</td><td>200.00</td><td>986.50</td><td>1 186.50</td></tr>
<tr><td colspan="2">小计</td><td>350.00</td><td>1 600.00</td><td>1 950.00</td></tr>
<tr><td rowspan="2">车间一般性消耗</td><td>材料</td><td></td><td></td><td></td></tr>
<tr><td>低值易耗品</td><td>360.00</td><td></td><td>360.00</td></tr>
<tr><td colspan="2" rowspan="2">供电车间</td><td>材料</td><td>1 000.00</td><td></td><td>1 000.00</td></tr>
<tr><td>低值易耗品</td><td>900.00</td><td></td><td>900.00</td></tr>
<tr><td colspan="2" rowspan="2">机修车间</td><td>材料</td><td></td><td></td><td></td></tr>
<tr><td>低值易耗品</td><td>3 200.00</td><td></td><td>3 200.00</td></tr>
<tr><td colspan="2" rowspan="2">财务部门</td><td>材料</td><td></td><td></td><td></td></tr>
<tr><td>低值易耗品</td><td>360.00</td><td></td><td>360.00</td></tr>
<tr><td colspan="2" rowspan="2">管理部门</td><td>材料</td><td></td><td></td><td></td></tr>
<tr><td>低值易耗品</td><td>540.00</td><td></td><td>540.00</td></tr>
<tr><td colspan="2" rowspan="2">销售部门</td><td>材料</td><td></td><td></td><td></td></tr>
<tr><td>低值易耗品</td><td>525.00</td><td></td><td>525.00</td></tr>
<tr><td colspan="3">合计</td><td>23 925.00</td><td>1 950.00</td><td>25 875.00</td></tr>
</table>

人工费用分配表

表 10－5　　2022 年 5 月 31 日　　单位：元

<table>
<tr><th colspan="2" rowspan="2">部门</th><th rowspan="2">成本项目</th><th colspan="3">应付工资</th></tr>
<tr><th>直接计入</th><th>分配计入</th><th>合计</th></tr>
<tr><td rowspan="3">搅拌车间
生产工人</td><td>塑料盆</td><td>直接人工</td><td></td><td>10 466. 06</td><td>10 466. 06</td></tr>
<tr><td>塑料托盘</td><td>直接人工</td><td></td><td>28 067. 96</td><td>28 067. 96</td></tr>
<tr><td colspan="2">小计</td><td></td><td>38 534. 02</td><td>38 534. 02</td></tr>
<tr><td rowspan="3">注塑车间
生产工人</td><td>塑料盆</td><td>直接人工</td><td></td><td>17 042. 74</td><td>17 042. 74</td></tr>
<tr><td>塑料托盘</td><td>直接人工</td><td></td><td>45 705. 26</td><td>45 705. 26</td></tr>
<tr><td colspan="2">小计</td><td></td><td>62 748. 00</td><td>62 748. 00</td></tr>
<tr><td rowspan="3">丝印车间
生产工人</td><td>塑料盆</td><td>直接人工</td><td></td><td>22 258. 00</td><td>22 258. 00</td></tr>
<tr><td>塑料托盘</td><td>直接人工</td><td></td><td>35 791. 00</td><td>35 791. 00</td></tr>
<tr><td colspan="2">小计</td><td></td><td>58 049. 00</td><td>58 049. 00</td></tr>
<tr><td colspan="2">搅拌车间管理人员</td><td>工资</td><td>5 010. 00</td><td></td><td>5 010. 00</td></tr>
<tr><td colspan="2">注塑车间管理人员</td><td>工资</td><td>9 290. 00</td><td></td><td>9 290. 00</td></tr>
<tr><td colspan="2">丝印车间管理人员</td><td>工资</td><td>18 290. 00</td><td></td><td>18 290. 00</td></tr>
<tr><td colspan="2">供电车间</td><td>工资</td><td>8 148. 00</td><td></td><td>8 148. 00</td></tr>
<tr><td colspan="2">机修车间</td><td>工资</td><td>17 042. 00</td><td></td><td>17 042. 00</td></tr>
<tr><td colspan="2">管理部门</td><td>工资</td><td>36 740. 00</td><td></td><td>36 740. 00</td></tr>
<tr><td colspan="2">销售部门</td><td>工资</td><td>16 334. 00</td><td></td><td>16 334. 00</td></tr>
<tr><td colspan="3">合计</td><td>110 854. 00</td><td>159 331. 02</td><td>270 185. 02</td></tr>
</table>

社会保险费、住房公积金、工会经费、职工教育经费计提表

表 10－6 2022 年 5 月 31 日 单位：元

部门		成本项目	应付工资	社会保险费（31.6%）	住房公积金（10%）	工会经费（2%）	职工教育经费（1.5%）	合计
搅拌车间生产工人	塑料盆	直接人工	10 466.06	3 307.27	1 046.61	209.32	156.99	4 720.19
	塑料托盘	直接人工	28 067.96	8 869.48	2 806.80	561.36	421.02	12 658.66
	小计		38 534.02	12 176.75	3 853.40	770.68	578.01	17 378.84
注塑车间生产工人	塑料盆	直接人工	17 042.74	5 385.51	1 704.27	340.85	255.64	7 686.27
	塑料托盘	直接人工	45 705.26	14 442.86	4 570.53	914.11	685.58	20 613.08
	小计		62 748.00	19 828.37	6 274.80	1 254.96	941.22	28 299.35
丝印车间生产工人	塑料盆	直接人工	22 258.00	7 033.53	2 225.80	445.16	333.87	10 038.36
	塑料托盘	直接人工	35 791.00	11 309.96	3 579.10	715.82	536.87	16 141.75
	小计		58 049.00	18 343.48	5 804.90	1 160.98	870.74	26 180.10
搅拌车间管理人员		工资	5 010.00	1 583.16	501.00	100.20	75.15	2 259.51
注塑车间管理人员		工资	9 290.00	2 935.64	929.00	185.80	139.35	4 189.79
丝印车间管理人员		工资	18 290.00	5 779.64	1 829.00	365.80	274.35	8 248.79
供电车间		工资	8 148.00	2 574.77	814.80	162.96	122.22	3 674.75
机修车间		工资	17 042.00	5 385.27	1 704.20	340.84	255.63	7 685.94
管理部门		工资	36 740.00	11 609.84	3 674.00	734.80	551.10	16 569.74
销售部门		工资	16 334.00	5 161.54	1 633.40	326.68	245.01	7 366.63
合计			270 185.02	85 378.47	27 018.51	5 403.70	4 052.78	121 853.46

固定资产折旧提取计算表

表 10－7　　2022 年 5 月 31 日　　单位：元

部门	固定资产类别	月初应计提折旧固定资产原值	折旧	
			月折旧率	折旧额
搅拌车间	办公设备	12 000.00	0.80%	96.00
	机器设备	128 000.00	0.50%	640.00
	小计	140 000.00		736.00
注塑车间	办公设备	40 000.00	0.80%	320.00
	机器设备	1 200 000.00	0.50%	6 000.00
	小计	1 240 000.00		6 320.00
丝印车间	办公设备	40 000.00	0.80%	320.00
	机器设备	140 000.00	0.50%	700.00
	小计	180 000.00		1 020.00
供电车间	办公设备	8 000.00	0.80%	64.00
	机器设备	100 000.00	0.50%	500.00
	小计	108 000.00		564.00
机修车间	办公设备	9 000.00	0.80%	72.00
	机器设备	50 000.00	0.50%	250.00
	小计	59 000.00		322.00
管理部门	办公设备	100 000.00	0.80%	800.00
销售部门	办公设备	20 000.00	0.80%	160.00
合计		1 847 000.00		9 922.00

租金支付分配表

表 10－8　　2022 年 5 月 31 日　　单位：元

部门	金额
搅拌车间	2 000.00
注塑车间	2 000.00
丝印车间	2 000.00
供电车间	1 000.00
机修车间	1 000.00
管理部门	1 500.00
销售部门	500.00
合计	10 000.00

注：工厂的各种厂房全部都为租用，每月月初用银行存款支付。

外购水费分配表

表 10－9　　2022 年 5 月 31 日　　单位：元

应借科目			成本或费用项目	直接计入金额	分配直接计入	合计
基本生产成本	搅拌车间	塑料盆	直接材料	610.83		610.83
		塑料托盘	直接材料	1 638.17		1 638.17
		小计		2 249.00		2 249.00
	注塑车间	塑料盆	直接材料	169.18		169.18
		塑料托盘	直接材料	453.62		453.62
		小计		622.80		622.80
	丝印车间	塑料盆	直接材料	358.00		358.00
		塑料托盘	直接材料	576.20		576.20
		小计		934.20		934.20
辅助生产成本	供电车间		直接材料		173.00	173.00
	机修车间		直接材料		138.40	138.40
	小计				311.40	311.40
制造费用	搅拌车间		水电费		173.00	173.00
	注塑车间		水电费		69.20	69.20
	丝印车间		水电费		103.80	103.80
	小计				346.00	346.00
管理费用	管理部门		水电费		276.80	276.80
销售费用	销售部门		水电费		103.80	103.80
合计				3 806.00	1 038.00	4 844.00

注：水费单价 3.46 元/吨。

本月各部门用电通知单

表 10－10　　2022 年 5 月 31 日

受益对象耗用量（度）							费用（元）
搅拌车间	注塑车间	丝印车间	机修车间	管理部门	销售部门	合计	
1 300	2 500	900	70	180	60	5 010	6 012.00

注：全部费用计入供电车间，电费单价 1.2 元/度。

办公费用分配表

表 10－11　　2022 年 5 月 31 日　　单位：元

部门	金额
搅拌车间	50.00
注塑车间	50.00
丝印车间	50.00
供电车间	50.00
机修车间	50.00
管理部门	300.00
销售部门	100.00
合计	650.00

注：本月购买办公用品直接现金支付，全厂统一分配。

辅助生产供应劳务数量通知单

表 10－12　　2022 年 5 月 31 日

项目	受益对象耗用量													合计
	搅拌车间			注塑车间			丝印车间			供电车间	机修车间	管理部门	销售部门	
	塑料盆	塑料托盘	一般性消耗	塑料盆	塑料托盘	一般性消耗	塑料盆	塑料托盘	一般性消耗					
供电（度）	500	700	100	1 000	1 300	200	300	550	50		70	180	60	5 010
修理（小时）	10	15	5	17	25	8	12	15	5	20		20	10	162

辅助生产费用分配表

表 10－13　　　　　　　　　　年　月　日　　　　　　　　　　单位：元

<table>
<tr><th colspan="3" rowspan="2">项目</th><th colspan="3">交互分配</th><th colspan="3">对外分配</th></tr>
<tr><th>机修车间</th><th>供电车间</th><th>合计</th><th>机修车间</th><th>供电车间</th><th>合计</th></tr>
<tr><td colspan="3">待分配辅助生产费用</td><td></td><td></td><td></td><td></td><td></td><td></td></tr>
<tr><td colspan="3">对外供应劳务总量</td><td></td><td></td><td></td><td></td><td></td><td></td></tr>
<tr><td colspan="3">分配率</td><td></td><td></td><td></td><td></td><td></td><td></td></tr>
<tr><td colspan="2" rowspan="2">机修车间</td><td>数量</td><td></td><td></td><td></td><td></td><td></td><td></td></tr>
<tr><td>金额</td><td></td><td></td><td></td><td></td><td></td><td></td></tr>
<tr><td colspan="2" rowspan="2">供电车间</td><td>数量</td><td></td><td></td><td></td><td></td><td></td><td></td></tr>
<tr><td>金额</td><td></td><td></td><td></td><td></td><td></td><td></td></tr>
<tr><td rowspan="6">搅拌车间</td><td rowspan="2">塑料盆</td><td>数量</td><td></td><td></td><td></td><td></td><td></td><td></td></tr>
<tr><td>金额</td><td></td><td></td><td></td><td></td><td></td><td></td></tr>
<tr><td rowspan="2">塑料托盘</td><td>数量</td><td></td><td></td><td></td><td></td><td></td><td></td></tr>
<tr><td>金额</td><td></td><td></td><td></td><td></td><td></td><td></td></tr>
<tr><td rowspan="2">一般性消耗</td><td>数量</td><td></td><td></td><td></td><td></td><td></td><td></td></tr>
<tr><td>金额</td><td></td><td></td><td></td><td></td><td></td><td></td></tr>
<tr><td rowspan="6">注塑车间</td><td rowspan="2">塑料盆</td><td>数量</td><td></td><td></td><td></td><td></td><td></td><td></td></tr>
<tr><td>金额</td><td></td><td></td><td></td><td></td><td></td><td></td></tr>
<tr><td rowspan="2">塑料托盘</td><td>数量</td><td></td><td></td><td></td><td></td><td></td><td></td></tr>
<tr><td>金额</td><td></td><td></td><td></td><td></td><td></td><td></td></tr>
<tr><td rowspan="2">一般性消耗</td><td>数量</td><td></td><td></td><td></td><td></td><td></td><td></td></tr>
<tr><td>金额</td><td></td><td></td><td></td><td></td><td></td><td></td></tr>
<tr><td rowspan="6">丝印车间</td><td rowspan="2">塑料盆</td><td>数量</td><td></td><td></td><td></td><td></td><td></td><td></td></tr>
<tr><td>金额</td><td></td><td></td><td></td><td></td><td></td><td></td></tr>
<tr><td rowspan="2">塑料托盘</td><td>数量</td><td></td><td></td><td></td><td></td><td></td><td></td></tr>
<tr><td>金额</td><td></td><td></td><td></td><td></td><td></td><td></td></tr>
<tr><td rowspan="2">一般性消耗</td><td>数量</td><td></td><td></td><td></td><td></td><td></td><td></td></tr>
<tr><td>金额</td><td></td><td></td><td></td><td></td><td></td><td></td></tr>
<tr><td colspan="2" rowspan="2">管理部门</td><td>数量</td><td></td><td></td><td></td><td></td><td></td><td></td></tr>
<tr><td>金额</td><td></td><td></td><td></td><td></td><td></td><td></td></tr>
<tr><td colspan="2" rowspan="2">销售部门</td><td>数量</td><td></td><td></td><td></td><td></td><td></td><td></td></tr>
<tr><td>金额</td><td></td><td></td><td></td><td></td><td></td><td></td></tr>
<tr><td colspan="3">合计</td><td></td><td></td><td></td><td></td><td></td><td></td></tr>
</table>

生产工时统计表

表 10－14　　2022 年 5 月 31 日　　单位：小时

产品名称	搅拌车间	注塑车间	丝印车间	合计
塑料盆	1 100	2 200	4 500	7 800
塑料托盘	2 950	5 900	6 500	15 350

制造费用分配表

表 10－15　部门：搅拌车间　　年　月　日　　单位：元

成本计算对象	生产工时	分配率	分配金额
塑料盆			
塑料托盘			
合计			

制造费用分配表

表 10　16　部门：注塑车间　　年　月　日　　单位：元

成本计算对象	生产工时	分配率	分配金额
塑料盆			
塑料托盘			
合计			

制造费用分配表

表 10－17　部门：丝印车间　　年　月　日　　单位：元

成本计算对象	生产工时	分配率	分配金额
塑料盆			
塑料托盘			
合计			

废品通知单

表 10－18　　2022 年 5 月 31 日　　单位：个

部门	产品名称	废品数量	备注
注塑车间	塑料盆	40	不可修复废品

注：废品损失费用按定额成本法单独进行核算。每个塑料盆的费用定额为：直接材料 1.50 元，人工 7.00 元，制造费用 4.50 元。

废品通知单

表 10－19　　2022 年 5 月 31 日　　单位：个

部门	产品名称	废品数量	备注
丝印车间	塑料托盘	50	可修复废品

废品损失赔偿通知单

表 10－20　　2022 年 5 月 31 日　　单位：元

责任者姓名	工种	赔偿金	备注
王一	丝印工	30.00	可修复废品责任赔偿

工资通知单

表 10－21　　2022 年 5 月 31 日

部门	产品名称	产品数量（个）	计件工资（元）	合计（元）	备注
丝印车间	塑料托盘	50	1.00	50.00	可修复废品

废品入库单

表 10－22　　2022 年 5 月 31 日

材料编号	材料名称	数量（千克）	单价（元）	金额（元）	用途
501	废料	5.5	10.00	55.00	不可修复残料入库

不可修复废品损失计算表

表 10－23　注塑车间塑料盆半成品　　年　月　日　　单位：元

项目	直接材料	直接人工	制造费用	合计
单件费用定额				
废品定额成本				
减：残值赔款				
废品损失				

产品成本计算单

表 10－24　搅拌车间塑料盆半成品　　年　月　日　　单位：元

项目	直接材料	直接人工	制造费用	废品损失	合计
月初在产品成本					
本月发生生产费用					
生产费用合计					
在产品的约当产量					
完工产品量					
分配率					
完工产品成本					
在产品成本					

产品成本计算单

表 10－25　注塑车间塑料盆半成品　　年　月　日　　单位：元

项目	直接材料	直接人工	制造费用	废品损失	合计
月初在产品成本					
本月发生生产费用					
上步骤转入半成品					
生产费用合计					
在产品的约当产量					
完工产品量					
分配率					
完工产品成本					
在产品成本					

产品成本计算单

表 10－26　丝印车间塑料盆产成品　　　年　月　日　　　单位：元

项目	直接材料	直接人工	制造费用	废品损失	合计
月初在产品成本					
本月发生生产费用					
上步骤转入半成品					
生产费用合计					
在产品的约当产量					
完工产品量					
分配率					
完工产品成本					
在产品成本					

产品成本计算单

表 10－27　搅拌车间塑料托盘半成品　　　年　月　日　　　单位：元

项目	直接材料	直接人工	制造费用	合计
月初在产品成本				
本月发生生产费用				
生产费用合计				
在产品的约当产量				
完工产品量				
分配率				
完工产品成本				
在产品成本				

产品成本计算单

表 10－28　注塑车间塑料托盘半成品　　年　月　日　　单位：元

项目	直接材料	直接人工	制造费用	合计
月初在产品成本				
本月发生生产费用				
上步骤转入半成品				
生产费用合计				
在产品的约当产量				
完工产品量				
分配率				
完工产品成本				
在产品成本				

产品成本计算单

表 10－29　丝印车间塑料托盘产成品　　年　月　日　　单位：元

项目	直接材料	直接人工	制造费用	合计
月初在产品成本				
本月发生生产费用				
上步骤转入半成品				
生产费用合计				
在产品的约当产量				
完工产品量				
分配率				
完工产品成本				
在产品成本				

产品产量表

表 10－30　产品：塑料盆　　2022 年 5 月 31 日　　单位：个

部门	月初在产品量	本月投入或上步骤转入	完工数量	在产品数量	在产品在本工序的完工程度
搅拌车间	800	6000	5 600	1 200	50%
注塑车间	850	5 600	5 500	950	50%
丝印车间	750	5 500	5 000	1 250	50%

产品产量表

表 10－31　产品：塑料托盘　　2022 年 5 月 31 日　　单位：个

部门	月初在产品量	本月投入或上步骤转入	完工数量	在产品数量	在产品在本工序的完工程度
搅拌车间	1 950	8 000	8 900	1 050	50%
注塑车间	1 800	8 900	9 000	1 700	50%
丝印车间	2 000	8 700	8 040	2 660	50%

产品入库单

表 10－32　交货车间：　　2022 年 5 月 31 日

产品名称	交验数量（个）	检验结果（个）		实收数量（个）	单位成本（元）	总成本（元）	备注
		合格	不合格				
塑料盆		5 000		5 000			
塑料托盘		8 040		8 040			
合计							

仓库管理员：　　审核人：　　经办人：

生产成本——基本生产成本明细账

表 10－33　　车间：搅拌车间　　　产品：塑料盆半成品　　　　　　　　　　　　　　单位：元

年		凭证字号	摘要	直接材料	直接人工	制造费用	废品损失	发生额合计		余额
月	日							借方	贷方	

生产成本——基本生产成本明细账

表 10－34　　车间：注塑车间　　　产品：塑料盆半成品　　　　　　　　　　　　单位：元

年		凭证字号	摘要	直接材料	直接人工	制造费用	废品损失	发生额合计		余额
月	日							借方	贷方	

生产成本——基本生产成本明细账

表 10－35　　车间：丝印车间　　　产品：塑料盆成品　　　　　　　　　　单位：元

年		凭证字号	摘要	直接材料	直接人工	制造费用	废品损失	发生额合计		余额
月	日							借方	贷方	

生产成本——基本生产成本明细账

表 10－36　　车间：搅拌车间　　　产品：塑料托盘半成品　　　　　　　　　　单位：元

年		凭证字号	摘要	直接材料	直接人工	制造费用	废品损失	发生额合计		余额
月	日							借方	贷方	

生产成本——基本生产成本明细账

表 10－37　　车间：注塑车间　　　产品：塑料托盘半成品　　　　　　　　单位：元

年		凭证字号	摘要	直接材料	直接人工	制造费用	废品损失	发生额合计		余额
月	日							借方	贷方	

生产成本——基本生产成本明细账

表 10－38　　车间：丝印车间　　　产品：塑料托盘成品　　　　　　　　　　　　　单位：元

年		凭证字号	摘要	直接材料	直接人工	制造费用	废品损失	发生额合计		余额
月	日							借方	贷方	

制造费用明细账

表 10－39　　车间：搅拌车间　　　　单位：元

年		凭证字号	摘要	材料	人工	折旧	租金	水电费	其他	发生额合计		余额
月	日									借方	贷方	

制造费用明细账

表 10－40　　车间：注塑车间　　　　单位：元

年		凭证字号	摘要	材料	人工	折旧	租金	水电费	其他	发生额合计		余额
月	日									借方	贷方	

制造费用明细账

表 10－41　　车间：丝印车间　　　　单位：元

年		凭证字号	摘要	材料	人工	折旧	租金	水电费	其他	发生额合计		余额
月	日									借方	贷方	

废品损失明细账

表 10－42　　车间：注塑车间　　　产品：塑料盆半成品　　　　　　单位：元

年		凭证字号	摘要	直接材料	直接人工	制造费用	废品损失	发生额合计		余额
月	日							借方	贷方	

废品损失明细账

表 10－43　　车间：丝印车间　　产品：塑料托盘产成品　　单位：元

年		凭证字号	摘要	直接材料	直接人工	制造费用	废品损失	发生额合计		余额
月	日							借方	贷方	

辅助生产成本明细账

表 10－44　　车间：供电车间　　　　　　　　　　　　　　　　　单位：元

年		凭证字号	摘要	材料	人工	折旧	租金	水电费	其他	发生额合计		余额
月	日									借方	贷方	

辅助生产成本明细账

表 10－45　　车间：机修车间　　　　　　　　　　　　　　　　单位：元

年		凭证字号	摘要	材料	人工	折旧	租金	水电费	其他	发生额合计		余额
月	日									借方	贷方	

三、实训程序

（1）首先设置基本生产成本明细账，然后根据期初在产品成本（见表10－1、表10－2、表10－3）登记基本生产成本期初余额。

（2）设置辅助生产成本明细账，包括供电车间和机修车间。

（3）设置搅拌车间、注塑车间、丝印车间三个车间的制造费用明细账。

（4）设置废品损失明细账。本实训中只有注塑车间和丝印车间的废品通知单需要登记明细账，其他的没有发生额，因此本书只给出两张明细账。

（5）根据材料费用分配表（见表10－4），编制记账凭证并登记明细账。

（6）根据人工费用分配表（见表10－5），编制记账凭证并登记明细账；根据社会保险费、住房公积金、工会经费、职工教育经费计提表（见表10－6）编制记账凭证并登记明细账。

（7）根据其他费用的资料（见表10－7、表10－8、表10－9、表10－10、表10－11）编制记账凭证并登记明细账。

（8）根据辅助生产供应劳务数量通知单（见表10－12）、辅助生产成本明细账，编制辅助生产费用分配表（见表10－13）；根据编制的辅助生产费用分配表，编制记账凭证并登记明细账。

（9）根据生产工时统计表（见表10－14）、制造费用明细账，编制基本生产车间制造费用分配表（见表10－15、表10－16、表10－17）；根据基本生产车间制造费用分配表编制记账凭证；根据记账凭证等相关资料登记相关明细账。

（10）根据实训提供的不可修复废品资料（见表10－18、表10－22），编制不可修复废品损失计算表（见表10－23）；根据不可修复废品资料以及不可修复废品损失计算表编制记账凭证；根据记账凭证登记设置的有关明细账。

（11）根据实训提供的可修复废品资料（见表10－19、表10－20、表10－21），编制记账凭证；根据记账凭证登记设置的有关明细账。

（12）根据实训提供的资料以及塑料盆搅拌车间基本生产成本明细账编制产品成本计算单（见表10－24）；根据搅拌车间塑料盆半成品成本计算单，编制完工塑料盆半成品转入下一步骤（注塑车间）的记账凭证；根据记账凭证登记设置的有关明细账。

（13）根据实训提供的资料以及塑料盆注塑车间基本生产成本明细账编制产品成本计算单（见表10－25）；根据注塑车间塑料盆半成品成本计算单，编制完工塑料盆半成品转入下一步骤（丝印车间）的记账凭证；根据记账凭证登记设置的有关明细账。

（14）根据实训提供的资料以及塑料盆丝印车间基本生产成本明细账编制产品成本计算单（见表10－26）。

（15）根据实训提供的资料以及塑料托盘搅拌车间基本生产成本明细账编制产品成本计算单（见表10－27）；根据搅拌车间塑料托盘半成品成本计算单，编制完工塑料托盘半成品转入下一步骤（注塑车间）的记账凭证；根据记账凭证登记设置的各有关明细账。

（16）根据实训提供的资料以及塑料托盘注塑车间基本生产成本明细账编制产品成本

计算单（见表10－28）；根据注塑车间塑料托盘半成品成本计算单，编制完工塑料托盘半成品转入下一步骤（丝印车间）的记账凭证；根据记账凭证登记设置的有关明细账。

（17）根据实训提供的资料以及塑料托盘丝印车间基本生产成本明细账编制产品成本计算单（见表10－29）。

（18）根据丝印车间产品成本计算单（见表10－26、表10－29）填产品入库单（见表10－32），并编制产品入库的记账凭证；根据记账凭证登记设置的有关明细账。

四、实训设计

（1）实训形式：本项实训由成本核算员1人独立完成。

（2）实训时间：本项实训需6学时。

（3）实训用纸：记账凭证30张。

实训十一　综合结转分步法

一、实训目的

通过实训使学生掌握多步骤生产的大中型企业采用的产品成本核算方法——综合结转分步法。

二、实训资料

（一）企业概况

广州光明有限公司主要生产甲产品，工厂设有三个基本生产车间：第一车间、第二车间和第三车间。第一车间生产的完工产品直接转入第二车间，第二车间生产的完工产品直接转入第三车间。该企业另设有一个辅助生产的机修车间，辅助生产车间发生的所有费用计入辅助生产成本。产品成本设有“直接材料”“直接人工”和“制造费用”三个项目。原材料于生产开始时一次性投入。完工产品与在产品的生产费用的分配采用约当产量法。

该企业所采用的产品成本核算方法为综合结转分步法。在业务处理过程中分配率保留4位小数，分配金额保留2位小数。

（二）期初在产品成本

期初在产品成本

表 11－1　　2022 年 6 月 1 日　　单位：元

部门	直接材料（半成品）	直接人工	制造费用	合计
第一车间	35 200.00	23 000.00	11 000.00	69 200.00
第二车间		8 700.00	3 600.00	12 300.00
第三车间		7 000.00	4 400.00	11 400.00

（三）广州光明有限公司 2022 年 6 月份发生的相关经济业务

材料费用分配表

表 11－2　　2022 年 6 月 30 日　　单位：元

领料部门	成本项目	直接计入	合计
第一车间	直接材料	69 000.00	69 000.00
机修车间	材料	3 500.00	3 500.00
第一车间一般性消耗	材料	3 468.00	3 468.00
第二车间一般性消耗	材料	2 000.00	2 000.00
第三车间一般性消耗	材料	5 600.00	5 600.00
管理部门	材料	5 690.00	5 690.00
合计		89 258.00	89 258.00

人工费用分配表

表 11－3　　2022 年 6 月 30 日　　单位：元

应借科目	部门	成本项目	应付工资	合计
基本生产成本	第一车间	直接人工	97 500.00	97 500.00
	第二车间	直接人工	100 300.00	100 300.00
	第三车间	直接人工	96 000.00	96 000.00
小计			293 800.00	293 800.00
制造费用	第一车间	工资	15 000.00	15 000.00
制造费用	第二车间	工资	16 500.00	16 500.00
制造费用	第三车间	工资	20 800.00	20 800.00
辅助生产成本	机修车间	工资	19 800.00	19 800.00
管理费用	管理部门	工资	45 608.00	45 608.00
合计			411 508.00	411 508.00

外购水费分配表

表 11－4　　2022 年 6 月 30 日　　单位：元

应借科目		成本或费用项目	水费直接计入	合计
基本生产成本	第一车间	制造费用	1 157.76	1 157.76
基本生产成本	第二车间	制造费用	1 222.08	1 222.08
基本生产成本	第三车间	制造费用	1 500.00	1 500.00
辅助生产成本	机修车间	水电费	280.00	280.00
制造费用	第一车间	水电费	35.00	35.00
制造费用	第二车间	水电费	28.00	28.00
制造费用	第三车间	水电费	30.00	30.00
管理费用	管理部门	水电费	140.00	140.00
合计			4 392.84	4 392.84

注：用银行存款支付。

外购电费分配表

表 11-5　　2022 年 6 月 30 日　　单位：元

应借科目		成本或费用项目	电费	合计
基本生产成本	第一车间	制造费用	5 600.00	5 600.00
基本生产成本	第二车间	制造费用	12 890.00	12 890.00
基本生产成本	第三车间	制造费用	22 090.00	22 090.00
辅助生产成本	机修车间	水电费	1 080.00	1 080.00
制造费用	第一车间	水电费	5 780.00	5 780.00
制造费用	第二车间	水电费	6 000.00	6 000.00
制造费用	第三车间	水电费	7 500.00	7 500.00
管理费用	管理部门	水电费	6 120.00	6 120.00
合计			67 060.00	67 060.00

注：各车间电费均按各车间生产的产品的生产工时分配，电费用银行存款支付。

固定资产折旧提取计算表

表 11-6　　2022 年 6 月 30 日　　单位：元

部门	固定资产类别	月初应计提折旧固定资产原值	折旧	
			月折旧率	折旧额
第一车间	办公设备	23 000.00	0.80%	184.00
	机器设备	149 000.00	0.50%	745.00
第二车间	办公设备	33 000.00	0.80%	264.00
	机器设备	172 000.00	0.50%	860.00
第三车间	办公设备	20 000.00	0.80%	160.00
	机器设备	30 800.00	0.50%	154.00
机修车间	办公设备	5 000.00	0.80%	40.00
	机器设备	18 000.00	0.50%	90.00
管理部门	办公设备	34 000.00	0.80%	272.00
合计		484 800.00		2 769.00

各项费用支出汇总表

表 11－7　　2022 年 6 月 30 日　　单位：元

部门	办公费	其他费用	合计
第一车间	500.00	400.00	900.00
第二车间	600.00	200.00	800.00
第三车间	300.00	300.00	600.00
机修车间	500.00	500.00	1 000.00
管理部门	2 000.00	600.00	2 600.00
合计	3 900.00	2 000.00	5 900.00

机修车间提供劳务汇总表

表 11－8　　2022 年 6 月 30 日　　单位：小时

受益部门	修理工时
第一车间	180
第二车间	190
第三车间	210
第一车间一般性消耗	15
第二车间一般性消耗	20
第三车间一般性消耗	16
管理部门	300
合计	931

辅助生产费用分配表（直接分配法）

表 11－9　　　　年　月　日　　　　单位：元

项目	耗用数量	分配金额
待分配辅助生产费用		
对外供应劳务数量		
单位成本（分配率）		
第一车间		
第二车间		
第三车间		
第一车间一般性消耗		
第二车间一般性消耗		
第三车间一般性消耗		
管理部门		
合计		

制造费用分配表

表 11－10　　　　年　月　日　　　　单位：元

分配对象	分配金额
第一车间	
第二车间	
第三车间	
合计	

注：各个车间只生产一种产品，各车间的制造费用直接转入本车间的基本生产成本。

产品产量表

表 11－11　　　　2022 年 6 月 30 日　　　　单位：件

部门	月初在产品量	本月投入或上步骤转入	完工数量	在产品数量	在产品的完工程度
第一车间	1 600	3 000	3 600	1 000	60%
第二车间	300	3 600	3 000	900	60%
第三车间	200	3 000	2 500	700	50%

产品成本计算单

表 11-12　第一车间甲半成品　　　　年　月　日　　　单位：元

项目	直接材料	直接人工	制造费用	合计
月初在产品成本				
本月发生生产费用				
生产费用合计				
完工产品数量				
在产品的约当产量				
分配率				
完工产品成本				

产品成本计算单

表 11-13　第二车间甲半成品　　　　年　月　日　　　单位：元

项目	直接材料	直接人工	制造费用	合计
月初在产品成本				
上步骤转入成本				
本月发生生产费用				
生产费用合计				
完工产品数量				
在产品的约当产量				
分配率				
完工产品成本				

产品成本计算单

表 11-14　第三车间甲产成品　　　　年　月　日　　　单位：元

项目	直接材料	直接人工	制造费用	合计
月初在产品成本				
上步骤转入成本				
本月发生生产费用				
生产费用合计				
在产品的约当产量				
分配率				
在产品成本				
完工产品成本				

成本还原计算表

表 11-15　　产品名称：甲　　　　　　　年　月　日　　　　　　　　　　单位：元

成本项目	还原前总成本	第二步半成品成本	还原额及还原率	第一步半成品成本	还原额及还原率	还原后总成本
列数	1	2	3	4	5	6
还原分配率						
直接材料（半成品）						
直接人工						
制造费用						
合计						

生产成本——基本生产成本明细账

表 11-16　　车间：第一车间　　　　　　　　　　　　　　　　　　　　单位：元

年		凭证字号	摘要	直接材料	直接人工	制造费用	发生额合计		余额
月	日						借方	贷方	

生产成本——基本生产成本明细账

表 11－17　　车间：第二车间　　　　单位：元

年		凭证字号	摘要	直接材料	直接人工	制造费用	发生额合计		余额
月	日						借方	贷方	

生产成本——基本生产成本明细账

表 11－18　　车间：第三车间　　　　单位：元

年		凭证字号	摘要	直接材料	直接人工	制造费用	发生额合计		余额
月	日						借方	贷方	

辅助生产成本明细账

表 11－19　　车间：机修车间　　　　　　　　　　　　　　　　　　　　　　　　单位：元

年		凭证字号	摘要	材料	人工	折旧	租金	水电费	其他	发生额合计		余额
月	日									借方	贷方	

制造费用明细账

表 11－20　　车间：第一车间　　　　单位：元

年		凭证字号	摘要	材料	人工	折旧	租金	水电费	其他	发生额合计		余额
月	日									借方	贷方	

制造费用明细账

表 11－21　　车间：第二车间　　　　单位：元

年		凭证字号	摘要	材料	人工	折旧	租金	水电费	其他	发生额合计		余额
月	日									借方	贷方	

制造费用明细账

表 11－22　　车间：第三车间　　　　单位：元

年		凭证字号	摘要	材料	人工	折旧	租金	水电费	其他	发生额合计		余额
月	日									借方	贷方	

三、实训程序

（1）开设制造费用明细账 3 个、辅助生产成本明细账 1 个、基本生产成本明细账 3 个，并根据月初在产品成本（见表 11－1）登记基本生产成本明细账。

（2）根据材料费用分配表（见表 11－2），编制记账凭证。

（3）根据人工费用分配表（见表 11－3），编制记账凭证。

（4）根据外购水费分配表（见表 11－4）以及外购电费分配表（见表 11－5），编制记账凭证。

（5）根据固定资产折旧提取计算表（见表 11－6），编制记账凭证。

（6）根据各项费用支出汇总表（见表 11－7），编制记账凭证。

（7）根据各项费用分配表与相关记账凭证，登记制造费用明细账、辅助生产成本明细账、基本生产成本明细账。

（8）根据辅助生产成本明细账和机修车间提供劳务汇总表（见表 11－8），编制辅助生产费用分配表（见表 11－9）和记账凭证。

（9）根据辅助生产费用分配表与记账凭证，登记制造费用明细账、辅助生产成本明细账、基本生产成本明细账。

（10）根据制造费用明细账，编制制造费用分配表（见表 11－10）和记账凭证。

（11）根据制造费用分配表与记账凭证登记制造费用明细账、基本生产成本明细账。

（12）根据第一车间产品成本明细账和其他资料，编制第一车间甲半成品产品成本计算单（见表 11－12）；计算第一车间完工半成品成本，并编写完工产品转入第二车间的记账凭证。

（13）根据上一步骤的记账凭证，登记基本生产成本明细账。

（14）根据第二车间产品成本明细账和相关资料，编制第二车间甲半成品产品成本计算单（见表11－13）；计算第二车间完工半成品成本，并编写完工产品转入第三车间的记账凭证。

（15）根据上一步骤的记账凭证，登记基本生产成本明细账。

（16）根据第三车间的产品成本明细账和相关资料，编制第三车间甲产成品产品成本计算单（见表 11－14）；计算第三车间完工产品成本（也就是最终产成品成本），并编写完工产品入库的记账凭证，登记有关明细账。

（17）编制甲产品成本还原计算表（见表 11－15）。

四、实训设计

（1）实训形式：本项实训由成本核算员 1 人独立完成。

（2）实训时间：本项实训需 2 学时。

（3）实训用纸：记账凭证 15 张。

实训十二　平行结转分步法

一、实训目的

通过实训使学生掌握不需要计算半成品成本的多步骤生产企业所采用的产品成本核算方法——平行结转分步法的核算程序。

二、实训资料

（一）企业概况

广州嘉诚机械有限公司是一家装配式生产企业，主要生产 G 产品。工厂设有三个基本生产车间：第一车间、第二车间和第三车间。第一车间生产的完工产品直接转入第二车间，第二车间生产的完工产品直接转入第三车间。该企业另设有一个辅助生产的机修车间，辅助生产车间发生的所有费用计入辅助生产成本。产品成本项目设有“直接材料”“直接人工”和“制造费用”三个项目。原材料于生产开始时一次性投入，各个车间的产品均耗用上一车间的半成品一件。

该企业采用平行结转分步法计算产品成本。在业务处理过程中分配率保留 4 位小数，分配金额保留 2 位小数。

（二）期初在产品成本

期初在产品成本

表 12－1　　2022 年 6 月 1 日　　单位：元

部门	直接材料（半成品）	直接人工	制造费用	合计
第一车间	35 200.00	23 000.00	11 000.00	69 200.00
第二车间		8 700.00	3 600.00	12 300.00
第三车间		7 000.00	4 400.00	11 400.00

（三）广州嘉诚机械有限公司2022年6月份发生的相关经济业务

材料费用分配表

表 12－2　　2022 年 6 月 30 日　　单位：元

领料部门	成本项目	直接计入	合计
第一车间	直接材料	69 000.00	69 000.00
机修车间	材料	3 500.00	3 500.00
第一车间一般性消耗	材料	3 468.00	3 468.00
第二车间一般性消耗	材料	2 000.00	2 000.00
第三车间一般性消耗	材料	5 600.00	5 600.00
管理部门	材料	5 690.00	5 690.00
合计		89 258.00	89 258.00

人工费用分配表

表 12－3　　2022 年 6 月 30 日　　单位：元

应借科目	部门	成本项目	应付工资	合计
基本生产成本	第一车间	直接人工	97 500.00	97 500.00
	第二车间	直接人工	100 300.00	100 300.00
	第三车间	直接人工	96 000.00	96 000.00
小计			293 800.00	293 800.00
制造费用	第一车间	工资	15 000.00	15 000.00
制造费用	第二车间	工资	16 500.00	16 500.00
制造费用	第三车间	工资	20 800.00	20 800.00
辅助生产成本	机修车间	工资	19 800.00	19 800.00
管理费用	管理部门	工资	45 608.00	45 608.00
合计			411 508.00	411 508.00

外购水费分配表

表 12－4　　2022 年 6 月 30 日　　单位：元

应借科目		成本或费用项目	水费直接计入	合计
基本生产成本	第一车间	制造费用	1 157.76	1 157.76
基本生产成本	第二车间	制造费用	1 222.08	1 222.08
基本生产成本	第三车间	制造费用	1 500.00	1 500.00
辅助生产成本	机修车间	水电费	280.00	280.00
制造费用	第一车间	水电费	35.00	35.00
制造费用	第二车间	水电费	28.00	28.00
制造费用	第三车间	水电费	30.00	30.00
管理费用	管理部门	水电费	140.00	140.00
合计			4 392.84	4 392.84

外购电费分配表

表 12－5　　2022 年 6 月 30 日　　单位：元

应借科目		成本或费用项目	电费	合计
基本生产成本	第一车间	制造费用	5 600.00	5 600.00
基本生产成本	第二车间	制造费用	12 890.00	12 890.00
基本生产成本	第三车间	制造费用	22 090.00	22 090.00
辅助生产成本	机修车间	水电费	1 080.00	1 080.00
制造费用	第一车间	水电费	5 780.00	5 780.00
制造费用	第二车间	水电费	6 000.00	6 000.00
制造费用	第三车间	水电费	7 500.00	7 500.00
管理费用	管理部门	水电费	6 120.00	6 120.00
合计			67 060.00	67 060.00

注：各车间电费均按各车间生产的产品的生产工时分配，电费用银行存款支付。

固定资产折旧提取计算表

表 12－6　　　　2022 年 6 月 30 日　　　　单位：元

部门	固定资产类别	月初应计提折旧固定资产原值	折旧	
			月折旧率	折旧额
第一车间	办公设备	23 000.00	0.80%	184.00
	机器设备	149 000.00	0.50%	745.00
第二车间	办公设备	33 000.00	0.80%	264.00
	机器设备	172 000.00	0.50%	860.00
第三车间	办公设备	20 000.00	0.80%	160.00
	机器设备	30 800.00	0.50%	154.00
机修车间	办公设备	5 000.00	0.80%	40.00
	机器设备	18 000.00	0.50%	90.00
管理部门	办公设备	34 000.00	0.80%	272.00
合计		484 800.00		2 769.00

各项费用支出汇总表

表 12－7　　　　2022 年 6 月 30 日　　　　单位：元

部门	办公费	其他费用	合计
第一车间	500.00	400.00	900.00
第二车间	600.00	200.00	800.00
第三车间	300.00	300.00	600.00
机修车间	500.00	500.00	1 000.00
管理部门	2 000.00	600.00	2 600.00
合计	3 900.00	2 000.00	5 900.00

机修车间提供劳务汇总表

表 12－8　　2022 年 6 月 30 日　　单位：小时

受益部门	修理工时
第一车间	180
第二车间	190
第三车间	210
第一车间一般性消耗	15
第二车间一般性消耗	20
第三车间一般性消耗	16
管理部门	300
合计	931

辅助生产费用分配表（直接分配法）

表 12－9　　年　月　日　　单位：元

项目	耗用数量	分配金额
待分配辅助生产费用		
对外供应劳务数量		
单位成本（分配率）		
第一车间		
第二车间		
第三车间		
第一车间一般性消耗		
第二车间一般性消耗		
第三车间一般性消耗		
管理部门		
合计		

制造费用分配表

表 12 - 10　　　　年　月　日　　　　单位：元

分配对象	分配金额
第一车间	
第二车间	
第三车间	
合计	

注：各个车间只生产一种产品，各车间的制造费用直接转入本车间的基本生产成本。

产品产量资料

表 12 - 11　　　　2022 年 6 月 30 日　　　　单位：件

部门	月初在产品量	本月投入或上步骤转入	完工数量	在产品数量	在产品的完工程度
第一车间	1 600	3 000	3 600	1 000	60%
第二车间	300	3 600	3 000	900	60%
第三车间	200	3 000	2 500	700	50%

产品成本计算单

表 12 - 12　　第一车间　　　　年　月　日　　　　单位：元

项目	直接材料	直接人工	制造费用	合计
月初在产品成本				
本月发生生产费用				
生产费用合计				
完工产量				
在产品的约当产量				
分配率				
应计入产成品成本份额				
在产品成本				

产品成本计算单

表 12－13　　第二车间　　　　　　　年　月　日　　　　　　　单位：元

项目	直接材料	直接人工	制造费用	合计
月初在产品成本				
本月发生生产费用				
生产费用合计				
完工产量				
在产品的约当产量				
分配率				
应计入产成品成本份额				
在产品成本				

产品成本计算单

表 12－14　　第三车间　　　　　　　年　月　日　　　　　　　单位：元

项目	直接材料	直接人工	制造费用	合计
月初在产品成本				
本月发生生产费用				
生产费用合计				
完工产量				
在产品的约当产量				
分配率				
应计入产成品成本份额				
在产品成本				

G 产品完工产品成本汇总计算表

表 12－15　　　　　　　年　月　日　　　　　　　单位：元

项目	直接材料	直接人工	制造费用	合计
第一车间应计入产成品成本份额				
第二车间应计入产成品成本份额				
第三车间应计入产成品成本份额				
成本合计				
单位成本				

生产成本——基本生产成本明细账

表 12－16　　车间：第一车间　　　　　　　　　　　　　　　　　　　　单位：元

年		凭证字号	摘要	直接材料	直接人工	制造费用	发生额合计		余额
月	日						借方	贷方	

生产成本——基本生产成本明细账

表 12－17　　车间：第二车间　　　　单位：元

年		凭证字号	摘要	直接材料	直接人工	制造费用	发生额合计		余额
月	日						借方	贷方	

生产成本——基本生产成本明细账

表 12－18　　车间：第三车间　　　　　　　　　　　　　　　　　　　单位：元

年		凭证字号	摘要	直接材料	直接人工	制造费用	发生额合计		余额
月	日						借方	贷方	

辅助生产成本明细账

表 12－19　　车间：机修车间　　　　　　　　　　　　　　　　单位：元

年		凭证字号	摘要	材料	人工	折旧	租金	水电费	其他	发生额合计		余额
月	日									借方	贷方	

制造费用明细账

表12－20　　车间：第一车间　　　　单位：元

年		凭证字号	摘要	材料	人工	折旧	租金	水电费	其他	发生额合计		余额
月	日									借方	贷方	

制造费用明细账

表 12－21　　车间：第二车间　　　　　　　　　　单位：元

年		凭证字号	摘要	材料	人工	折旧	租金	水电费	其他	发生额合计		余额
月	日									借方	贷方	

制造费用明细账

表 12－22　　车间：第三车间　　　　　　　　　　　　　　　　　　　　　单位：元

年		凭证字号	摘要	材料	人工	折旧	租金	水电费	其他	发生额合计		余额
月	日									借方	贷方	

三、实训程序

（1）开设制造费用明细账3个、辅助生产成本明细账1个、基本生产成本明细账3个，并根据月初在产品成本（见表12－1）登记基本生产成本明细账的期初余额。

（2）根据材料费用分配表（见表12－2），编制记账凭证。

（3）根据人工费用分配表（见表12－3），编制记账凭证。

（4）根据外购水费分配表（见表12－4）、外购电费分配表（见表12－5），编制记账凭证。

（5）根据固定资产折旧提取计算表（见表12－6），编制记账凭证。

（6）根据各项费用支出汇总表（见表12－7），编制记账凭证。

（7）根据各项费用分配表与相关记账凭证，登记制造费用明细账、辅助生产成本明细账、基本生产成本明细账。

（8）根据辅助生产成本明细账和机修车间提供劳务汇总表（见表12－8），编制辅助生产费用分配表（见表12－9），并编制记账凭证。

（9）根据辅助生产费用分配表与相关记账凭证，登记制造费用明细账、辅助生产成本明细账、基本生产成本明细账。

（10）根据制造费用明细账，编制制造费用分配表（见表12－10），并编制记账凭证。

（11）根据制造费用分配表与记账凭证登记制造费用明细账、基本生产成本明细账。

（12）根据第一车间产品成本明细账和其他资料，编制第一车间产品成本计算单（见表12－12），计算第一车间应计入产成品成本份额。

（13）根据第二车间产品成本明细账和其他资料，编制第二车间产品成本计算单（见表12－13），计算第二车间应计入产成品成本份额。

（14）根据第三车间产品成本明细账和其他资料，编制第三车间产品成本计算单（见表12－14），计算第三车间应计入产成品成本份额。

（15）编制G产品完工产品成本汇总计算表（见表12－15），最终计算出完工的G产品的成本。

四、实训设计

（1）实训形式：本项实训由成本核算员1人独立完成。

（2）实训时间：本项实训需2学时。

（3）实训用纸：记账凭证15张。

实训十三　分类法

一、实训目的

分类法是产品成本核算辅助方法之一。辅助方法在计算产品成本时不可单独使用，必须与产品成本核算基本方法结合起来使用。本实训就是将品种法与分类法结合起来，通过实训使学生体验分类法的特点并掌握各种产品成本的计算方法。

二、实训资料

（一）企业概况

广州 LL 鞋业有限公司是大量大批生产皮具的企业，企业有两个基本生产车间：第一车间、第二车间，主要生产各式皮鞋。根据产品结构特点和所耗用的原材料以及工艺技术过程的不同，可以将企业产品分为男士皮鞋和女士皮鞋两大类。男士皮鞋包括 F1、F2、F3 共 3 种不同规格，在第一车间进行生产；女士皮鞋包括 Z1、Z2、Z3 共 3 种不同规格，在第二车间进行生产。机修车间是辅助生产车间。

广州 LL 鞋业有限公司根据产品生产特点和成本管理要求，按类别设置了男士皮鞋、女士皮鞋 2 个成本明细账，采用分类法进行成本核算。具体核算步骤为：首先按品种法的基本原理归集和分配 2 类产品发生的各项生产费用；然后采用约当产量法将 2 类产品的生产费用在当月完工产品和月末在产品之间进行分配，计算出 2 类产品本月完工产品的实际总成本；最后采用系数分配法将大类产品的实际总成本分配于类内各种规格的产品。

在业务处理过程中分配率保留 4 位小数，分配金额保留 2 位小数。

（二）期初在产品成本资料

期初在产品成本

表 13 – 1　　2022 年 6 月 1 日　　单位：元

产品名称	直接材料	直接人工	制造费用	合计
男士皮鞋	35 000.00	10 000.00	7 000.00	52 000.00
女士皮鞋	30 000.00	8 000.00	5 000.00	43 000.00
合计	65 000.00	18 000.00	12 000.00	95 000.00

（三）广州 LL 鞋业有限公司 2022 年 6 月份发生的相关经济业务

材料费用分配表

表 13－2　　　　2022 年 6 月 30 日　　　　单位：元

领料部门	成本项目	直接计入	合计
第一车间	直接材料	100 000.00	100 000.00
第二车间	直接材料	120 000.00	120 000.00
机修车间	材料	1 500.00	1 500.00
第一车间一般性消耗	材料	1 468.00	1 468.00
第二车间一般性消耗	材料	1 000.00	1 000.00
管理部门	材料	500.00	500.00
合计		224 468.00	224 468.00

人工费用分配表

表 13－3　　　　2022 年 6 月 30 日　　　　单位：元

应借科目	部门	成本项目	应付工资	合计
基本生产成本	第一车间	直接人工	97 500.00	97 500.00
	第二车间	直接人工	84 000.00	84 000.00
制造费用	第一车间	工资	15 000.00	15 000.00
	第二车间	工资	16 500.00	16 500.00
辅助生产成本	机修车间	工资	19 800.00	19 800.00
管理费用	管理部门	工资	45 608.00	45 608.00
合计			278 408.00	278 408.00

固定资产折旧提取计算表

表 13－4　　2022 年 6 月 30 日　　单位：元

部门	固定资产类别	月初应计提折旧固定资产原值	折旧	
			月折旧率	折旧额
第一车间	办公设备	23 000.00	0.80%	184.00
	机器设备	149 000.00	0.50%	745.00
第二车间	办公设备	33 000.00	0.80%	264.00
	机器设备	172 000.00	0.50%	860.00
机修车间	办公设备	5 000.00	0.80%	40.00
	机器设备	18 000.00	0.50%	90.00
管理部门	办公设备	34 000.00	0.80%	272.00
合计		434 000.00		2 455.00

外购电费分配表

表 13－5　　2022 年 6 月 30 日　　单位：元

应借科目		成本或费用项目	电费	合计
基本生产成本	第一车间	制造费用	5 600.00	5 600.00
基本生产成本	第二车间	制造费用	6 490.00	6 490.00
辅助生产成本	机修车间	水电费	1 080.00	1 080.00
制造费用	第一车间	水电费	5 780.00	5 780.00
制造费用	第二车间	水电费	6 000.00	6 000.00
管理费用	管理部门	水电费	6 120.00	6 120.00
合计			31 070.00	31 070.00

注：电费以银行存款支付。

各项费用支出汇总表

表 13－6　　2022 年 6 月 30 日　　单位：元

部门	办公费	其他费用	合计
第一车间	500.00	400.00	900.00
第二车间	600.00	200.00	800.00
机修车间	500.00	500.00	1 000.00
管理部门	2 000.00	600.00	2 600.00
合计	3 600.00	1 700.00	5 300.00

注：以现金方式支付。

机修车间提供劳务汇总表

表 13－7　　2022 年 6 月 30 日　　单位：小时

受益部门	修理工时
第一车间	180
第二车间	190
第一车间一般性消耗	15
第二车间一般性消耗	20
管理部门	300
合计	705

辅助生产费用分配表（直接分配法）

表 13－8　　年　月　日　　单位：元

项目	耗用数量	分配金额
待分配辅助生产费用		
对外供应劳务数量		
单位成本（分配率）		
第一车间		
第二车间		
第一车间一般性消耗		
第二车间一般性消耗		
管理部门		
合计		

制造费用分配表

表 13－9　　年　月　日　　单位：元

分配对象	分配金额
第一车间	
第二车间	
合计	

男士皮鞋月末在产品500件，女士皮鞋月末在产品600件。原材料在生产开始时一次性投入，月末在产品的完工程度为50%。该企业6月份完工产量及定额资料如表13－10所示。

完工产量及定额资料

表13－10　　2022年6月30日

产品名称		产量	原材料费用定额（元）	单位产品定额工时（小时）
男士皮鞋	F1	1 786	18	3
	F2	2 714	20	4
	F3	1 500	25	5
女士皮鞋	Z1	2 924	15	3
	Z2	5 570	12	2
	Z3	2 506	9.6	1.5

完工产品与月末在产品之间的分配表

表13－11　产品：男士皮鞋　　年　月　日　　单位：元

项目		直接材料	直接人工	制造费用	合计
月初在产品成本					
本月发生生产费用					
生产费用合计					
生产量	本月完工产品数量				
	月末在产品数量				
	月末在产品完工程度				
	月末在产品约当产量				
	生产量小计				
费用分配率（完工产品单位成本）					
本月完工产品总成本					
月末在产品成本					

完工产品与月末在产品之间的分配表

表 13－12　　产品：女士皮鞋　　　　　　年　月　日　　　　　　　　　　　　　单位：元

项目		直接材料	直接人工	制造费用	合计
月初在产品成本					
本月发生生产费用					
生产费用合计					
生产量	本月完工产品数量				
	月末在产品数量				
	月末在产品完工程度				
	月末在产品约当产量				
	生产量小计				
费用分配率（完工产品单位成本）					
本月完工产品总成本					
月末在产品成本					

类内各种产品之间采用系数分配法分配费用的具体方法为：男士皮鞋以生产比较稳定、产量较大、规格适中的“F2 号”为标准产品；女士皮鞋以“Z2 号”为标准产品。标准产品系数定为“1”。直接材料费用按各种产品的材料费用系数分配，材料费用系数根据材料定额费用确定，直接人工等费用按定额工时比例分配。直接人工、制造费用按各种产品的工时系数分配，工时系数根据定额工时确定。

产品系数计算表

表 13－13　　产品：男士皮鞋　　　　　　年　月　日　　　　　　　　　　　　　单位：元

产品名称	产品产量	材料			工时		
		定额费用	系数	总系数	定额工时	系数	总系数
F1							
F2							
F3							
合计							

产品成本计算表

表 13－14　　产品：男士皮鞋　　　　　　年　月　日　　　　　　单位：元

产品名称	产品产量	材料总系数	直接材料分配金额	工时总系数	直接人工分配金额	制造费用分配金额	产成品总成本	单位成本
分配率								
F1								
F2								
F3								
合计								

产品系数计算表

表 13－15　　产品：女士皮鞋　　　　　　年　月　日　　　　　　单位：元

产品名称	产品产量	材料			工时		
		定额费用	系数	总系数	定额工时	系数	总系数
Z1							
Z2							
Z3							
合计							

产品成本计算表

表 13－16　　产品：女士皮鞋　　　　　　年　月　日　　　　　　单位：元

产品名称	产品产量	材料总系数	直接材料分配金额	工时总系数	直接人工分配金额	制造费用分配金额	产成品总成本	单位成本
分配率								
Z1								
Z2								
Z3								
合计								

产品入库单

表13－17　　产品：男士皮鞋　　　　　　　年　月　日

产品名称	产品产量（双）	产成品总成本（元）	单位成本（元）
F1			
F2			
F3			
合计			

产品入库单

表13－18　　产品：女士皮鞋　　　　　　　年　月　日

产品名称	产品产量（双）	产成品总成本（元）	单位成本（元）
Z1			
Z2			
Z3			
合计			

生产成本——基本生产成本明细账

表 13－19　产品：男士皮鞋　　　　　　　　　　　　　　　　　　　　　　　　　　单位：元

年		凭证字号	摘要	直接材料	直接人工	制造费用	发生额合计		余额
月	日						借方	贷方	

生产成本——基本生产成本明细账

表 13－20　　产品：女士皮鞋　　单位：元

年		凭证字号	摘要	直接材料	直接人工	制造费用	发生额合计		余额
月	日						借方	贷方	

辅助生产成本明细账

表 13 – 21　　车间：机修车间　　　　单位：元

年		凭证字号	摘要	材料	人工	折旧	租金	水电费	其他	发生额合计		余额
月	日									借方	贷方	

制造费用明细账

表 13－22　　车间：第一车间　　　　　　　　　　　　　　　　　　　　　单位：元

年		凭证字号	摘要	材料	人工	折旧	租金	水电费	其他	发生额合计		余额
月	日									借方	贷方	

制造费用明细账

表 13－23　　车间：第二车间　　　　　　　　　　　　　　　　　　　　　　　单位：元

年		凭证字号	摘要	材料	人工	折旧	租金	水电费	其他	发生额合计		余额
月	日									借方	贷方	

三、实训程序

（1）开设制造费用明细账 2 个、辅助生产成本明细账 1 个、基本生产成本明细账 2 个，并根据期初在产品成本（见表 13－1）登记基本生产成本明细账的期初余额。

（2）根据材料费用分配表（见表 13－2），编制记账凭证。

（3）根据人工费用分配表（见表 13－3），编制记账凭证。

（4）根据固定资产折旧提取计算表（见表 13－4），编制记账凭证。

（5）根据外购电费分配表（见表 13－5），编制记账凭证。

（6）根据各项费用支出汇总表（见表 13－6），编制记账凭证。

（7）根据各项费用分配表与相关记账凭证，登记制造费用明细账、辅助生产成本明细账、基本生产成本明细账。

（8）根据辅助生产成本明细账和机修车间提供劳务汇总表（见表 13－7），编制辅助生产费用分配表（见表 13－8）和记账凭证。

（9）根据辅助生产费用分配表，登记制造费用明细账、辅助生产成本明细账、基本生产成本明细账。

（10）根据制造费用明细账，编制制造费用分配表（见表 13－9）。

（11）根据制造费用分配表，登记制造费用明细账、基本生产成本明细账。

（12）根据第一车间产品成本明细账和其他资料，填写完工产品与月末在产品之间的分配表（见表 13－11）。

（13）根据第二车间产品成本明细账和其他资料，填写完工产品与月末在产品之间的分配表（见表 13－12）。

（14）采用系数分配法分配各类内不同规格产品的成本。编制男士皮鞋与女士皮鞋产品系数计算表（见表 13－13、表 13－15）和各规格产品成本计算表（见表 13－14、表 13－16）。

（15）根据产品入库单（见表 13－17、表 13－18）编制本月完工入库产品成本的记账凭证。

四、实训设计

（1）实训形式：本项实训由成本核算员 1 人独立完成。

（2）实训时间：本项实训需 2 学时。

（3）实训用纸：记账凭证 10 张。